U0330875

图画通识丛书
A Graphic Guide

经验主义

Introducing Empiricism

戴夫·罗宾逊（Dave Robinson）/ 文

比尔·梅布林（Bill Mayblin）/ 图

白若晶 / 译

图书在版编目（CIP）数据

经验主义／（英）戴夫·罗宾逊文；（英）比尔·梅布林图；
白若晶译. —北京：生活·读书·新知三联书店，2019.8
（图画通识丛书）
ISBN 978 – 7 – 108 – 06662 – 6

Ⅰ . ①经⋯　Ⅱ . ①戴⋯ ②比⋯ ③白⋯　Ⅲ . ①经验主义
Ⅳ . ① B089

中国版本图书馆 CIP 数据核字（2019）第 153095 号

责任编辑　李静韬
装帧设计　张　红　朱丽娜
责任印制　徐　方
出版发行　**生活·讀書·新知** 三联书店
　　　　　（北京市东城区美术馆东街 22 号　100010）
网　　址　www.sdxjpc.com
图　　字　01-2018-6772
经　　销　新华书店
排版制作　北京红方众文科技咨询有限责任公司
印　　刷　北京隆昌伟业印刷有限公司
版　　次　2019 年 8 月北京第 1 版
　　　　　2019 年 8 月北京第 1 次印刷
开　　本　787 毫米 × 1092 毫米　1/32　印张 5.75
字　　数　50 千字　图 166 幅
印　　数　00,001 - 10,000 册
定　　价　32.00 元
（印装查询：01064002715；邮购查询：01084010542）

目　录

什么是经验主义？

> 这本书是有关经验主义哲学家的，他们相信人类的知识必须来自**观察**。

毕竟，我们是通过看、听、嗅、尝和触摸，才知晓大部分的事物。

但这些哲学家中没有一个人能十分确定这究竟是什么意思。

> 大多数经验主义者认为，很有可能只有**我们存在**，此外别无他物。

经验主义起初听起来还像常理，却最终落得莫名其妙。经验主义者们为什么这样想，他们又是如何走到这个地步的，就是本书的话题。

故事源于一头河马。

知识与信仰

漫长的一天过去了，我坐在电脑旁，动笔写这本书的头几页。就在这时，毫无征兆地，一头皮糙肉厚的大河马走进了房间。

我一下子惊醒过来。原来是场梦。

环顾四周，电脑还在。

我的书、眼镜、装满了笔的笔筒和一杯凉了的茶也都还在。

窗外阳光普照，树枝随风舞动。

此时我有信心说自己醒了。**这次**，我看见的、听到的、闻到的、摸到的和尝到的每一样东西都是真的。通过感官认识世界是知识的最原初的类型。没有它我就不能行动。但有没有可能我搞错了呢，就像我搞错了河马那样？关于树木、果酱瓶和那杯凉了的茶的感知，我自己能有多确定呢？

大多数人想当然地认为世界大抵就是向他们呈现的样子。他们看见一只猫咪横穿马路就相信它存在着。但众所周知，哲学家们有更多要求。他们说信念多得很，廉价又简单，但真知识更有限，也更难求证。这就是为什么哲学家们通常首先着手把知识从信念中剥离出来。

这足以将我的信念转化为知识了。但总是有一丝犯错的可能。世界也许并非如我相信的那样。诸如此类的问题困扰着被称作"经验主义者"的哲学家们，他们认为，私人感觉经验几乎是我们拥有的全部，它们是一切人类知识的主要来源。

内部和外部

我们确实知道的一件事是，我们的感觉有时会误导我们。白墙在强烈的阳光下会显得发黄；外科医生可以刺激我的大脑，使我"看到"一块并不存在的红斑；我可以梦见河马；等等。我的感觉经验至少有时是我的心智创造的——或者以某种方式在我的心智里。这些相对罕见的"错误"导致很多哲学家坚称，我**所有**的感知都是"间接的"。

当我望向窗外，望着那些树时，对我来说，我似乎**直接**看到了它们所是的样子。

但我没有。我看到的是我的心智创造出来的一个曼妙的幻象。当然，我对这个事实浑然不觉，因为我的感知着来如此自然、自动和迅速。心理学家告诉我说，我实际上看到的是一种内部的影像，他们还发明了各种测试和实验来证明它。

原型与复制品

他们说树在我的心智里提供了一种"树的感觉原型",而我看到的就是这个,而非树本身。果真如此的话,那我曾看见的树都是树的"复制品",我自以为是地认为它们在外表上与其原型十分相似。

不过,如果我再努力想想,就会意识到,我无法知道这些复制品有多精准,因为我不能避开我的心智再去"近距离观看"那些原型。

也许树的原型根本就不像那些大脑的"复制品",或者更糟,甚至不存在!

我越是琢磨感知,它就变得越古怪,我也就越意识到我一定是被困在我自己的私人感知世界里了,它可能一点儿也告诉不了我"之外"有什么。

也许只有我孤身一人,别无他物!我突然感到阵阵眩晕。

导致不确定性的问题

这类让人泄气的结论在哲学上见怪不怪。你提出简单的问题，它们导出了扑朔迷离的奇怪答案。

那些我从前知道的东西，现在完全不知道了。

所以到底有没有我能确信的东西呢？

如果没有，经验主义哲学家怎么能宣称一切人类知识都来源于经验呢？如果没人能先确定"经验"从何而来，它们又有多可靠呢？

从头说起

经验主义哲学相对较新。这种哲学的起源与众不同，有些被称作"前苏格拉底"哲学家的古希腊人强调表象与现实的**不同之处**。他们说，我们**看到的**很少能告诉我们什么是**真的**。真知识只能源于思考，而非观看。第一位真正成体系的哲学家**柏拉图**（公元前 427—前 347）赞同经验或感觉知识是低等的，因为它们主观且善变。

我之所以相信那些树很"高"是因为它们略高于我的房子。我关于那些树的"知识"完全是相对于我而言的。

这是种什么知识呢？经验知识只能是流于一种"观点"或"信念"。

柏拉图继而转向了数学。与"我的树"不同，数字是抽象的，不受物理变化的影响，对谁都一样，具有一种经验知识缺乏的恒久性、确定性和客观性。柏拉图相信，真知识肯定像数学一样，永恒且合乎理性。

亚里士多德与观察

柏拉图著名的弟子**亚里士多德**（公元前384—前322）却不这么想。他认为，观察世界与从事数学同等重要。

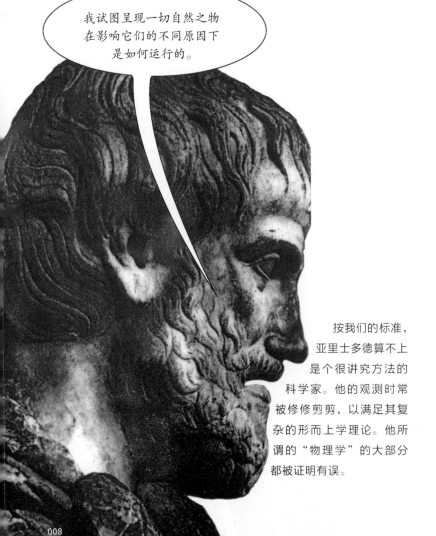

我试图呈现一切自然之物在影响它们的不同原因下是如何运行的。

按我们的标准，亚里士多德算不上是个很讲究方法的科学家。他的观测时常被修修剪剪，以满足其复杂的形而上学理论。他所谓的"物理学"的大部分都被证明有误。

中世纪经院哲学

借阿拉伯学界之手，亚里士多德的著作在 12 世纪的西欧重新浮出水面，最终主宰了中世纪的思想界。古希腊哲学在智识上的明显优势令后来的西方学者心生敬畏，使其唯唯诺诺地假设人类知识已臻完美。

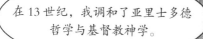

在 13 世纪，我调和了亚里士多德哲学与基督教神学。

这一由多明我会传教士**圣托马斯·阿奎那**（1225—1274）发明的奇怪混合体，随即登上了中世纪"学院"或大学的讲坛，并以"经院哲学"而广为人知。人人都遐想着，哲学和科学已或多或少抵达了完美的终点。

新的思考路径

与对世界的系统性观察比起来，中世纪科学更关注语词和定义。这种态度的变化开始于16、17世纪。宗教改革有助于放松教会对精神生活的钳制。像**约翰尼斯·开普勒**（1571—1630）和**伽利略·伽利雷**（1564—1642）这样的现代科学家发现宇宙一点儿也不像亚里士多德描绘的那样。现代哲学奠基人**勒内·笛卡尔**（1596—1650）描绘了一种全新的科学。

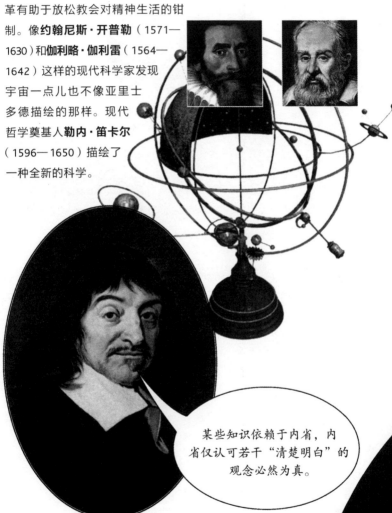

某些知识依赖于内省，内省仅认可若干"清楚明白"的观念必然为真。

像柏拉图一样，笛卡尔始终是个"理性主义"哲学家，坚信科学知识必须从数学和逻辑中推出来。但他仍对经验主义哲学家产生了重大影响。

将心智视为一种"私人房间"的笛卡尔模型及他关于认知、现实、知识和确定性的相应理论，似乎对大多数经验主义哲学家颇具说服力。

我们只能感知**私人观念**，而不是外面的世界。

知识必须循序渐进、**由内而外**地聚拢组合。

理性主义者与经验主义者

理性主义哲学家坚称，理性是知识最可靠的来源。"知识来源于思考，而非观看。"

几何学提供了永恒无误的、完全基于演绎的知识的最佳系统性范例。但经验主义者宣称，虽然几何学和数学形式的知识是"必要"的，它们只是因其"无足轻重"才可靠。逻辑和数学不过是"阐释"或澄清几条初阶定义或定理必然的结论而已。

逻辑与一种更深层次的现实？

经验主义者说，不论是几何学还是逻辑学都无法告诉你关于真实世界的任何东西。数学和逻辑学在心智上的奇妙之处就像国际象棋——由其自身的一套套规则构成的"封闭"与"开放"的系统。

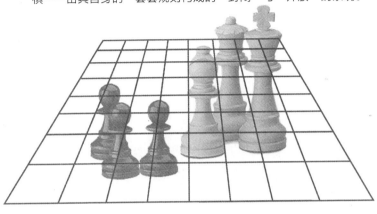

真知识必须来源于感官经验，对于我们而言，后者才是判断何者实际为真的唯一指南。

没有魔法能让我们超越我们可以看到、听到、尝到、嗅到和摸到的东西带来的局限。

后世的历史学家经常想象，现实的英国"经验主义者"——像洛克、贝克莱和休谟——与更富于想象力的欧陆"理性主义者"——像笛卡尔、斯宾诺莎和莱布尼茨——之间发生了某种"战争"。但对于那些被假想牵涉其中的人来说，这场对抗不是很真实。没几个人会认为自己被卡在哪个对立的"阵营"中。"经验主义者"和"理性主义者"的标签虽然有用，却能模糊哲学家本人实际的观点。

弗朗西斯·培根

弗朗西斯·培根（1561—1626）是一位律师，并最终成为大法官。他是一个腐败的政客，也是一名热忱的学者。他沉迷于各种门类的学问，还为公共图书馆、实验室和大学提供了多项计划。（最著名的是他的书《新大西岛》中设想的"所罗门宫"。）培根相信科学的进步，虽然他也始终意识到人类知识的局限。

人必须清醒而谦卑地在神性与人性、感官的呓语和信仰之间做出区分。

培根认为，对世界有条不紊和细致的观察会大幅扩大人类知识的领域。只有通过学习世界的复杂设计，我们才能了解它的设计师——上帝。

蚂蚁般的经验主义者和蜘蛛般的理性主义者

培根颇为苛责膜拜过往"权威"、阻碍"学术进步"的学者。中世纪"科学家"花了太多时间在图书馆里争论定义。真正的科学意味着考察外面的世界。

但科学
不只是积累事实。

只有
当观察得其要领，知识才能进步。

如"蚂蚁"般的经验主义者收集一些杂乱无章、漫无目的的事实，或者如"蜘蛛"般的理性主义者凭空织出繁复的抽象理论，都真是再容易不过了。

科学小蜜蜂和归纳

　　成功的"自然哲学家"就像通情达理的"蜜蜂"。它们有条理地搜集信息，提出理论，以实验验证理论，并生产科学成果的"蜂蜜"。培根为野心勃勃的蜜蜂式的科学家发明出一整套研究方法。

Andrena Cineraria　　　　Andrena Fulva　　　　Amegilla Acraensis

Melecta Luctuosa　　　　Amegilla Comberi　　　　Bombus Lucorum

Euglossa Intersecta　　　　Bombus Monticola

　　我承认**归纳**
作为一种研究方法和一种提出理论的方式的重要性。

　　归纳——与几何推理相反——大体是指"从证据中得出结论"。通过观察同一现象的众多例证（各种各样的蜜蜂酿蜜），我们可以得出可能的结论（所有的蜜蜂都酿蜜）、做出预测（这些蜜蜂明年也会酿蜜），甚至提出它们为何如此行动的阐释性理论（蜜蜂酿蜜以过冬）。

培根、科学主义与霍布斯

在培根看来，科学是一种道德活动。"新'哲学'将产生伟大非凡的作品,造福全人类。"但他始终是一个经验方法的鼓吹者,不是一个哲学家。对于经验主义的典型问题,他言之甚少。然而,培根之后,哲学家们越来越难以无足轻重为由,摒弃经验观察。

年轻的**托马斯·霍布斯**(1588—1679)在好几个场合见过弗朗西斯·培根,全心全意地赞同这种新的"自然哲学"。亚里士多德的观点必须被抛弃,取而代之的是一种新的"科学"进路。

霍布斯是一个极端的唯物论者,宣称一切存在之物必是物理的——包括心智和上帝自身(如果上帝真的存在的话)。

几何学方法给霍布斯留下了深刻的印象。从几条原初定理出发,就能推演出内涵丰富且确定的知识的一个宏大体系。

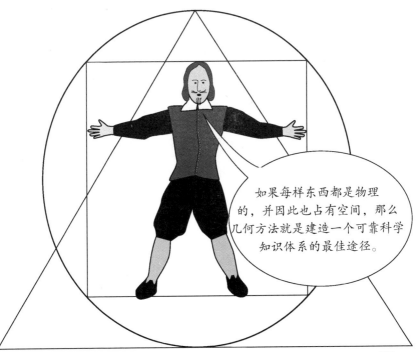

如果每样东西都是物理的,并因此也占有空间,那么几何方法就是建造一个可靠科学知识体系的最佳途径。

霍布斯的《利维坦》

　　霍布斯最出名的是他在《利维坦》（1651年）一书中提出的政治哲学。他历经英国内战风云变幻的岁月和四任君主统治的更迭。

　　我渐渐相信，人类生来自私且皆具暴力潜质。

　　如果没有稳定的政治社会，每个人都会迅速意识到先发制人就是最好的防守，这一策略会迅速导致社会、经济及政治混乱。唯一的良方是达成一种人与人之间的"社会契约"，所有人都同意任命一个强大的专制政府来强化律法和秩序。

经验主义者霍布斯

霍布斯总是宣称，人类知识必然来自于感觉经验。

"一个人的心智中没有一个概念不是起初就全部或部分地产生自感觉器官。"

伊萨克·牛顿爵士（1642—1727）把物质描述为始终在运动，这是正确的。物质使我们产生了感觉，这些感觉又依次制造出更多脑质的内部运动，我们称其为"思想"。如果非周期性地再刺激大脑，大脑的这种物理兴奋就会消退。这说明记忆和想象是其原型或"消逝的感觉"的微弱回响。人类思想偶尔是"未经引导的"，但多数时候它们是被恐惧和欲望这对孪生情感——人类一切行为举止背后的主要驱动力——所驱动的。

就是世界上的客体使人类具有思想的，而我们的思想就是那些客体的"表象"。

人类能通过语言表达他们的想法，进行交流。但语言也可能是个大骗子，说服哲学家们相信形而上学五花八门的胡言乱语。

洛克与经验论

约翰·洛克（1632—1704）在英国内战时期（1642—1651）只是个少年，在政治观点上没那么绝对。他也不是僵化的霍布斯式唯物论者。他认为心智根本不可能是物理实体。这一观点使他成为像笛卡尔一样的"二元论者"：承认世界上的两种"实体"——物质的和非物质的实体，即心智。洛克是第一个提出有关感知、心智和知识的系统化经验论的哲学家。他在《人类理解论》（1690年）中总结道，有很多我们永远都无法知道的东西，对这类东西我们只能抱有信仰。

非物质的心智

> 有必要对那些事物敬而远之，对其检视之后，我们会发现它们超出了我们能力所及。

物质的实体

但洛克只是个不彻底的怀疑论者。

白板上的天赋观念

洛克著名的《人类理解论》开篇就攻击了天赋观念的学说。像柏拉图和笛卡尔这样的理性主义者坚称，某些类别的知识必然是在我们出生的那一天或之前就**刻印**在人类心智上的。（理性主义哲学家通常是热情洋溢的天赋观念者，因为即使是他们也无法凭空造出一套哲学。）一些观念，尤其是那些"显然"为真的观念——比如数学观念——不可能来自经验。人类是被特别装备起来从事数学和几何研究的。

上帝已将有关自己的观念加盖于人类心智之上，颇像一枚商标。

在洛克的时代，新柏拉图主义者宣称，逻辑学初级法则、基本的道德原理和上帝存在的知识必然是天生的——这类事物怎么可能通过观察得到呢？

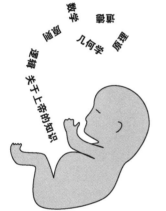

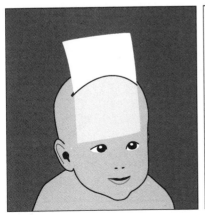

但我争论说，新生儿的心智空空如也，如一张张白纸或白板。

经验主义的解释

观念

但如果我们不是带着观念出生，它们是从哪儿来的呢？洛克的解答是，知识必须通过经验得来。我们只能真正知晓那些亲身体验过的事物，而非那些我们出于信念就接受了的。"这种借来的财富，好比仙女的钱币，虽然在接过来的手里是金币，但要用的时候只会是树叶和尘埃。"

感觉

我们所有的"观念"必然起源于感觉。

但心智从来只能面对观念——或"思维中的客体"，而非事物自身。

这是洛克认知和知识理论中最重要的部分——我们从不直接经验世界。这个奇怪的假设影响着整个经验主义哲学，并经常带给它巨大的悲哀。因此，我们最好现在就了解一下。

直接现实主义

如果你询问人们的日常感知，就会发现大多数普通人是"直接"或"天真"的现实主义者。他们说物理客体存在着，是三维的，独立于我们对它们的认知，在无人注视它们的时候仍然继续存在。物理客体也是"公共的"，就是说谁都能看到它们，不像梦境。

每个人看到的草都是绿色的，原因是草自身是绿色的……

我们对物理世界的认知与此如出一辙，是对于外界究竟有什么的一个精准阐释。

遗憾的是，实际情况没这么简单。

属性与经验的区别

　　把一只手放在热水里，另一只手放在冷水里，再把两只手放进温水里。其中一只手会觉得温水热，另一只手会觉得温水凉。水不可能同时客观上既是热的又是凉的，因此，我们对水的**经验**不可能是水本身的**属性**。涉及视觉、听觉、味觉和嗅觉的类似实验似乎都表明，感知涉及诸多不同因素，不只涉及事物的内在属性。

即便是"看见"草是绿色的，实际上也是一个极其复杂的过程。

白光形态的电磁波照亮了草。

部分电磁波被吸收，部分被反射……

……特定的波长进入眼睛，刺激视网膜细胞，在我们的大脑中引发复杂的化学和电流变化。

……并最终到达我们大脑后部的视觉中枢。

绿色

所以我们是用大脑在看。而且，当我们在看那株草时，我们看到的是对世界的一种内部"表象"。也不是每个人都看到绿色。一些人视我们的"绿色"为他们的"红色"。

一些动物看见的世界只有黑白两色。

一些昆虫在紫外线光谱中看到的远比我们多。

由于感官不同，我们成为与你们人类以不同的方式感知这个世界的"其他生灵"。

我们对草是绿色的信念，不太牢靠地建立在我们自己有限的人类认知器官上。

025

显像是我们拥有的一切

我们倾向于假设自己有优越的看待事物的视角。但我们的感知可能远没有自认为的那么可靠。我们对世界的"直接"经验始终是间接的，且令人惶惑不安地只是相对我们的。

这意味着我们其实可能对"这个世界是什么样子的"所知甚少。

显像可能是我们拥有的一切。而且如果我们知道我们的感官经验有时并不可靠，我们又怎么能知道它们究竟何时**是**可靠的，或者干脆，它们是否可靠呢？

回应怀疑主义

针对这些怀疑论的疑虑，你可以做出几种回应。一种是，除了些许少见和有误导性的特例之外，我们对世界的经验是直接和正确的，这个观点听起来不太像科学，更像是人类中心主义。

另一种回应是说，也许我们**永远无法**知道这个世界"真正的样子"。

我们被永久性地困在某个多种感觉汇成的私人影院中，任凭信息对我们狂轰滥炸。其中一些信息可能完全正确或仅部分为真，一些则是彻头彻尾的误导。我们没法分辨，因为我们没有与世界的直接接触。

表象实在论

　　洛克显然明智的折中方案是，物理客体是存在的，它们是我们的经验的起因。毕竟，我们的经验总要出自什么地方。这也解释了经验为什么是不由自主和连续的。

　　对大多数人来说，只要他们对物理世界的心智中的图像保持大致稳定且是可预测的，这些都无关紧要。但对哲学家，尤其是经验主义者来说，这种不确定性是一大困扰，特别是当你坚称所有知识都来源于经验的时候。

心智中的图像

但准确地说，我们又都到底在体验些什么呢？有可能把一整套知识体系建立在像内在的心智中的图像——可能是，也可能不是其他什么东西的复制品——这样既短暂又私人的东西上吗？

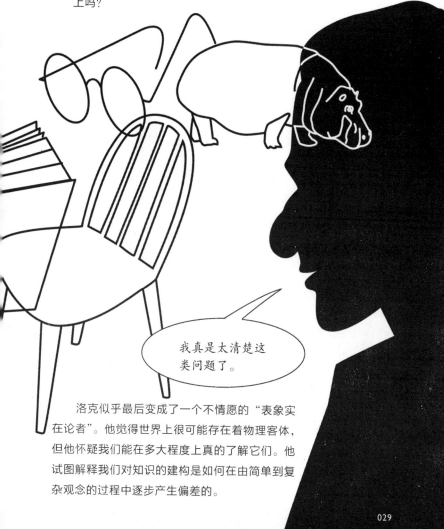

我真是太清楚这类问题了。

洛克似乎最后变成了一个不情愿的"表象实在论者"。他觉得世界上很可能存在着物理客体，但他怀疑我们能在多大程度上真的了解它们。他试图解释我们对知识的建构是如何在由简单到复杂观念的过程中逐步产生偏差的。

简单观念

让我们回到那个心智空空如也的婴儿吧。婴儿的知识从哪里来呢？如果没有天赋观念，他的心智必然完全空白。但是，很快地，婴儿的感觉器官开始用各种各样的"简单"观念填充他的心智。婴儿就是这样获取黄、白，热、冰，柔软、坚硬，苦涩、甜蜜等观念的。其他看似"简单"的观念是关于空间、尺寸、形状、整体、能量、连续、快感和苦痛的。

我的"简单"观念是在一种相当特殊的意义上的。

红色

它们之所以简单，是因为它们极其原始，没法再被"拆解"成其他观念。

它们像是拼图游戏基本的碎块，渐渐拼合、造出婴儿的知识。

心智果酱瓶

一个孩子起初不由自主地被动接收这些简单观念，好像他的心智是个容器一般。他不能控制或发明这些观念，这对洛克来说，就暗示出必然有某种我们之外的、真实的东西，致使它们出现。简单观念从来都只能来源于经验。

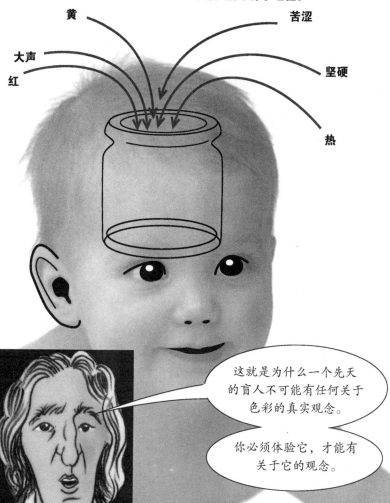

黄

苦涩

大声

坚硬

红

热

这就是为什么一个先天的盲人不可能有任何关于色彩的真实观念。

你必须体验它，才能有关于它的观念。

复杂观念

简单观念是知识的砖石。然而，一旦它们被储存进记忆，心智就会变得异常活跃。洛克设想了工作中的心智：复制、拣选和重组简单观念，就像一块块乐高积木。心智就是这样制造它自己新的"复杂"观念的——通过思考、怀疑、思辨、比较、联结和抽象。不论我们的观念最终变得多么复杂或看似"抽象"，它们最终仍必须建立在经验性的简单观念上。

映像的问题

洛克对人类心智的运作做出一种机械化的解说，这并不总是说得通。他不得不承认人类心智的很多先天能力，使"映像"的复杂过程得以发生。没有某种初始的概念工具，我们就搞不懂我们的经验，即便是最"简单"的那些。

我们仅仅通过看到红色就学到了"红"这个简单观念吗……

……或者，我们是把红色的概念运用到在心智之外的什么东西上了吗？

……抑或两者都是？

这一过程比看起来的要复杂。

搞清**一切**观念怎么能最终绝对是仅仅基于经验，也并不太容易——如"野草""风险""明天""债务"，还有时间、空间、数学、伦理学和上帝这样更为宏大的概念。

第一和第二属性

那么，如果我们经验的只是"观念"，洛克又怎么知道我们的"物理客体观念"是对世上之物较为精确的复制品呢？

我们有可能肯定物理客体就是我们所有**经验**的原因，但仍对其真正的**表象**一无所知。

退一步说，我们兴许能确切知道有关物理客体的一些东西，但不是方方面面。

只有关于事物机械属性（或"第一属性"）的那些"观念"，才可能被看作精确地相似。

微粒子哲学

洛克关于感知和物理世界的理论受到了古希腊"原子论"哲学家及与洛克同时代的科学家**罗伯特·波义耳**（1627—1691）的"微粒子哲学"的影响。

物理世界是由细小、几乎不可见的"微粒子"构成的，这些"微粒子"只有固体、形状、尺寸、运动和数量这样的"第一属性"。

这赋予了任意客体可测量的尺寸、重量和形状。

这些关于第一属性的"观念"是对物理客体自身的一个精确映像。我们关于"一个球是圆的"的观念类似于某种内在的东西。圆就在那儿；我们能知道它是真的，并且测量它。

第二属性

波义耳注意到，客体还有其他更神秘的"力量"或"第二属性"，以其他方式刺激着我们的感官和大脑。洛克同意一种"现代"理论：物理客体放射出细小的颗粒，影响着我们的感觉器官。第一属性就是这样产生第二属性的。但时至今日，物理现象究竟如何能引发精神现象仍不甚明了。

除了那些关于形状和重量的主要观念，我们还经验着其他有关色彩、味道、气味和声响的"次要"观念。但我们的这些次要观念与客体自身具备的东西毫不相像。

深绿

浅绿

割过的青草散发出的气味

割草机的噪声

呜呜呜呜呜呜呜

我们关于绿的观念不在草里。

所以这一次，我们的"观念"或感知，有时与其起因是不同的。

感知的主观对象

第二属性不可测量，部分是因为它们看起来像是客观物理能量与主观精神经验的一种奇怪的杂糅。

一个红色的球并没什么固有的红色，只有一种令人产生"红色经验"的"能量"。

物理世界实际上相当枯燥——灰暗、无味、寂静无声。是我们人类使之焕发光彩、有滋有味、吵吵嚷嚷。

现代科学的谈资已从微粒子转到光子，我们今天也更多了解外部世界是如何影响我们的感知的。但洛克的坚持仍似乎是对的：可测的空气波动与我们对声响的独特人类体验之间，以及可计量的光波波长与我们对色彩的独特人类体验之间，有着天壤之别。

作为属性之基础的实体

当我们经验观念时，它们倾向于成群结队出现——像红色、形状、质感、气味和大小——也许都是我们称作"一个苹果"的物理客体产生的。洛克认为，我们"先天倾向于"对这些属性族群产生反应，视其为一个"东西"。起初他持有的想法是，物理客体也许没有内在"实体"或"我们不明所以的什么东西"将这些属性按族群聚在一起。

实体

?

但我最终得出结论，属性很大程度上不可能就这么一团团地飘浮在四周……

它们必须以某种方式附着在某种核心"实质"或物质上，虽然这类东西无法经由经验被探察。

因此，虽然洛克认为物质客体影响了人类的心智，但其内在性质仍完全是个谜。

"观念"这个词与概念

洛克试图对存在于客体、微粒子和心智之间的复杂因果过程做出解释,并尝试用"观念"填补其间的断裂。但他对"观念"这个词的使用颇为宽泛,经常让人困惑。"观念"这个词原本在 17 世纪被用作"图画"的同义词,包含心智中的图像。洛克用这一个词来描述各种各样迥然不同的精神现象——例如,对客体的即时认知,对思想和情绪的内省式体察,概念的运用,想象和记忆等。

关 于 一 只 橙 子 的 观念

我赞同笛卡尔,知晓某物就像在心智中"看到"一个对象。

但观念不是通常意义上的"客体"。关于一只橙子的观念并不包含特定尺寸,它本身也不是橙子味的。

作为图像的概念

　　洛克还把概念当作内在的心智中的图像一样谈论。但概念更像是一种"处理能力"。当我们拥有概念时，我们就可以对我们的经验做出判断。

"看到一只兔子"涉及一组感性观念的经验，并将"兔子"的概念加于全部感性观念之上。

　　如果你能明白，思考与语言的关系比与图像的更近，很多这类问题就迎刃而解了。

　　语词代表了除自身以外的什么东西，却不一定要与它们所"代表"的东西相像。洛克也就无须再解释诸如一个观念怎么可能被"冠以颜色"这样的问题了。

看和想

洛克的感知模型对感知的瞬间过程的描述比它实际发生的更有意识、更有目的。照洛克的说法，我们接收视觉信息，然后通过运用理性进行有关推理。但我们不是这么感知世界的。

我们在整体上把握经验——而不是通过一组分离的不同感觉来把握。

我们与世界的接触也许是间接的，但看起来总是直接和瞬时的。

洛克没有明确说明，他认为感知过程是因果的还是判断的。我们也许真的只能经验由物理客体引发的观念，但我们对这一原始材料的解读多是自动和无意识的。当我"看到"窗外的"树"时，我对所涉的复杂精神过程浑然不觉。

作为观念的语言

洛克对用空洞、模糊或模棱两可的语言表述的哲学持批判态度。洛克的语言理论通常被认作是"观念的",因为他宣称语词是通过充当"心智中观念的标记"而获取其语义的。

兔子……　　吃……　　苹果。

语词是观念的替代物。交流是通过把私人观念从一个心智转移到另一个心智中进行的。

这种人们如何交流或语言如何获取其语义的说法颇惹人质疑。当我们思考或与人对话时,显然我们的词语并没有与一束平行的视觉图像相伴随。

抽象观念

　　洛克明白多数语词是指代事物门类的泛泛之词。"狗""人""长颈鹿""房子"不指代个体而是一类东西。我们只经验世界上的个别事物。因此，一般性的东西必然仅存在于心智之中。从未有人有过对整个门类的经验。那么这些观念是如何进入心智的呢？语词如何指代这一类别中的所有客体的呢？洛克的回答是，心智创造抽象观念。抽象是一种捕捉到相似之处，并从"个案"中分离个体属性、再形成"一般性"观念的人类特有的过程。

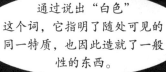

今天在白垩石或雪中所观察的同一颜色，心智昨天也从牛奶那里接收到了，它仅将这一外在表现命名为白色。

通过说出"白色"这个词，它指明了随处可见的同一特质，也因此造就了一般性的东西。

　　一般性观念是个别事物与一般性语词之间的一座桥梁，有助于解释语言是如何发挥作用的——如果你是一个坚定的"观念论者"的话。

名义本质与实在本质

　　洛克的语言的意义理论也同时解释了我们是如何将经验分门别类的。虽然世界看似事先被整洁地疏理成具体的一类类事物，但洛克认为，事实上，这是我们出于便利而做的分类。亚里士多德主张说，世界已然被划分成"自然类别"。这意味着亚里士多德学派的学者可以宣称，通过描述其外在表现和属性就可以通晓黄金。但他们只不过是设定了一套用于识别的标准。这类"名义本质"在洛克看来微不足道，不同于黄金的"实在本质"，后者由金属真正的"实体"——其内在的不可分辨其排列的微小颗粒——构成。

你无法通过细致入微地描述钟表的外观来知晓钟表。

但表匠对由复杂齿轮组成的内部构造及其实际运转都了如指掌。

时间中的同一性

我的摩托车很旧了。它太多的零件都被换过了，以至于它是否还是我大概十五年前买的"同一"辆摩托车，这有待探讨。洛克对这类"时间中的同一性"很感兴趣。

> 我还是三十年前的那个我吗？

> 物体的同一性与动物的同一性，以及人的自我认同之间又有哪些区别呢？

心智与身体占据了空间与时间中的同一个地方（相当幸运，因为它们是由不同的实体构成的）。一堆砂石一旦被拿走或增加一块石子，就不再是"同一"堆砂石了。像一棵树或一只狐狸这样的有机生命体，即便较之前的自己长得更大，也仍是同一个，因为两者都具有树或狐狸的一种特定的"结构"。

自我认同

　　人类作为一个物种也是如此，但个体的人就不一样了。如果人的意识续存，他就还是他。记忆和个体历史使你成为你所是的人。就如这一哲学问题的惯常情形，洛克从"智力测验"着手探索。

如果王子的意识被移植到鞋匠体内，那么王子仍是他自己……

……虽然他看起来不一样了。

如果一具躯体内有两副意识，那么就有两个人在一具躯体内。

　　患有完全的失忆症的人因此也许不再同以前一样，是"同一个"人了。对洛克来说，自我认同不依赖于肉体的甚至是灵魂的连续性。

洛克的政治学

因为没人能宣称通晓任何事物的全部真相，洛克对自认为知道所有答案——伦理学的或政治学的——的那些人持批判态度，这也就是他是宗教和政治宽容的拥护者的原因。

我赞同霍布斯，政府是必要的，但这只是因为没有政府的生活"不方便"，而不是它有多么难以言喻地糟糕。

政府是能阻止冤冤相报和内战的中立法官。但公民拥有先于政府（尤其是对财产）的权利。他们必须同意被统治并保留反抗暴君的权利，这是霍布斯万万不会应允的一点。

洛克经验论的遗存

洛克是最早借宣扬经验论，并将西方哲学从中世纪传统和教会权威的魔法中"解放"出来的几名思想家之一。

洛克为从感官得来的有用知识做了合理解释，虽然他同意笛卡尔的说法：这种知识永远不能提供数学和逻辑那种钢铁般的严密性。他是一位实事求是的表象实在论者，他对于我们感知世界的方式的论证反倒刺激了那些追随他的"观念论者"和"现象主义者"。

洛克的政治思想对英国、美国和法国的政治史也有巨大影响。

他说的对吗？

现代遗传学向我们表明，人类的心智在出生时远非一片"空白"。它也比洛克想的远为神秘，没那么"开放"。我们不是通过审视实体、观念、视觉影像或心智中的复制品来思考的。我们似乎被程序化地设定为语言的使用者。语言涉及的远远超出观念的交流，因为它还部分决定着我们如何将自己对世界的经验概念化。然而，直至最后，洛克仍无法确切证明有一个独立的外在现实超越了我的观念。

如果我关于猫蹲坐在这张桌子上的经验，源于我的猫散发出进入我的眼睛的颗粒并在我的心智中创造出"猫的观念"……

……我又怎么能知道这些"猫的观念"是某个真实事物的部分复制品，抑或那只猫的原型是否真的存在呢？

我又怎么知道猫是一个个别的物理客体：由一种核心实体构成并支撑大小、形状、黑色、异味和喵喵叫等属性呢？如果我经验到的只是这些特征自身呢？乔治·贝克莱就在此时登场了。

天才贝克莱

乔治·贝克莱（1685—1753）出生于爱尔兰基尔肯尼附近。他的父亲是英格兰人，但贝克莱一直把自己看作爱尔兰人。他算是个神童，入读都柏林三一学院时年仅十五岁，二十几岁即写出了最富盛名的哲学著作：《视觉新论》（1709 年）、《人类知识原理》（1710 年）和《海拉斯和斐洛诺斯的三篇对话》（1713 年）。（海拉斯意指"物质"，斐洛诺斯的意思是"爱思想者"。）贝克莱曾多次游历欧洲大陆。

在法国，我结识了哲学家**尼古拉·马勒伯朗士**（1638—1715）。

我还去了美洲，想在那里建一所大学，但很快又回到了爱尔兰。

贝克莱最终成为克洛因主教，他在这个位子上直到去世。在他生命的最后三十年，他写了很多关于宗教、经济和万金油"焦油下水"的功效的书籍和文章。

贝克莱的目标

贝克莱一开始就宣称，他的笔既捍卫常识，又保护宗教、抵制无神论。贝克莱对洛克信服的伽利略、牛顿和罗伯特·波义耳描绘世界的新科学和物质图景知之甚多。宇宙是一台巨型装置，上帝是一个遥远的神圣存在，他为这整部天体装置注入运动——随之又弃之不顾、任其自行运转。一些哲学家甚至提出，上帝可能已经不在现场照顾他的天体装置了。

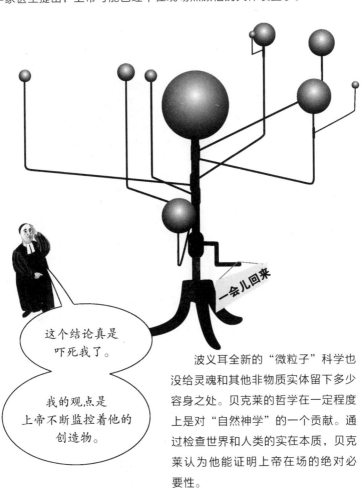

一会儿回来

这个结论真是
吓死我了。

我的观点是
上帝不断监控着他的
创造物。

波义耳全新的"微粒子"科学也没给灵魂和其他非物质实体留下多少容身之处。贝克莱的哲学在一定程度上是对"自然神学"的一个贡献。通过检查世界和人类的实在本质，贝克莱认为他能证明上帝在场的绝对必要性。

以怀疑论告终

贝克莱估计洛克对感知和知识的解释难免陷入普遍的怀疑论。如果一道不可逾越的鸿沟横跨在我们的感觉经验告诉我们的东西与外部世界的真实样子之间，就会导致我们怀疑一切。

从此以后，我们看到哲学家们不信任他们的感觉，怀疑天堂与尘世的存在，怀疑他们所见所感的一切，甚至是他们自己的身体。

贝克莱认为，前进之路是彻底驳斥唯物论。通过证明显像**即**现实，他可以消除其间不必要的割裂。只有我们的观念存在，此外别无一物。

贝克莱的观念论

贝克莱赞同洛克：我们从未直接感知世界。我们经验的全部就是我们自己的私人心智图像。洛克的结论是，物理世界的存在是可能的，即便不可证。贝克莱更极端：不能被感知之物不但不可证，而且不可能存在。洛克的认识论涉及三类实体——心智、观念和事物。心智拥有事物引发的观念。贝克莱扔掉了"事物"。存在只留给了心智和观念。不论存在的是什么，都是精神性的。

我的窗外并没有树。只有我关于树的感觉经验，它们并不是"原型"的"复制品"。我只有关于树的感觉经验，或者"树的经验原型"。

这就是贝克莱被看作"观念论者"（只有观念存在）或"非唯物论者"的原因。

存在即被感知

　　首先，观念论听起来很疯狂。但是，哥白尼颠覆地球在宇宙中的特权地位的时候，日心说对很多人来说也很疯狂。看似反直觉的可能就是对的。贝克莱一直宣称他的非唯物论哲学是常识。

> 世界即我们见到它的样子。

> 如果我们感知的一切只是观念，我们也没有关于神秘的"物质实体"或物质的真正的知识，我们不如抛弃这个没什么功用的多余术语。

　　我们也许只能感知观念，但观念并非独立地在四周飘移。它们只有在**被感知**的时候才存在。因此，任何东西要存在，就必须被感知。贝克莱也因此与"Esse est Percipi"这句名言——存在即被感知——结下不解之缘。

视觉新论

贝克莱最初只是将非唯物论观点用在了视觉上。我们只能看到观念，但（相当奇怪地）我们的触觉确实在以某种方式接触一个真的物理世界。当我们眺望风景时，我们不是真的"看见了"距离，而是一块平坦的视觉场地，通过来回移动和我们的触觉，我们很快发现它是有距离的。

尺寸也是如此。我们总是解读尺寸，我们从未直接看到过它，这表明我们所有的视觉经验都"在脑海中"。

我们唯一可信赖的与世界的联系就是我们的触觉。

我们的视觉与我们的触觉必定彻头彻尾迥然不同。所以，一个恢复了视力的盲人没机会认出他当初只通过触摸来了解的东西。然而，到贝克莱写作《人类知识原理》的时候，他已经认定我们没有任何通过感官直接接触外在世界的方式——即便通过触觉也不可能。

抽象观念

贝克莱在《人类知识原理》开篇就攻击了洛克的抽象观念理论，他认为洛克的抽象理论怀有恶意，因为它赋予了不真实的实体以存在。这种抽象是数不胜数的哲学谬误的根源。

从几个确实的个例中抽象出"白"的观念，再在心智中想出纯粹的"白色"这个一般性观念，是不可能的。

观念总是会被形状、大小或位置这样的其他元素污染。

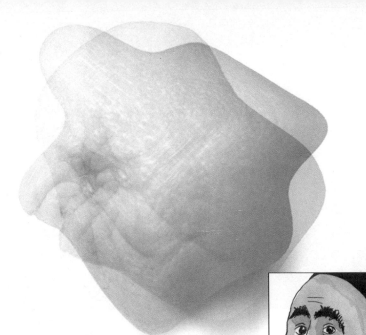

形状和颜色

与此类似，你不能从颜色这个第二属性中"抽象"出形状这个第一属性。

一只没有颜色的橙子不但不能被感知，而且不会有可见的"形状"。形状和颜色不能被分开。两者必然都是主观的。

（贝克莱哲学的这种合并论证非常出名——你声称一些是"显而易见的"，再接着提到有争议的，希望后者能被顺势承认。）

最重要的是，洛克的"物质实体"理论是一种不可想象的抽象。没人经验过这么个东西。在何种意义上它是"物质"的，它又如何作为一种"支撑"属性的"基质"呢？

三角形

抽象鼓动哲学家们走向徒劳无功的形而上学辩论。贝克莱坚称，只有终极源头扎根于感觉经验的语词和概念才可能有意义。洛克需要抽象和一般性观念来解释一般性语词是如何（通过指称心智中的一般性观念）具有语义的。三角形这个抽象观念赋予了"三角形"这个一般性语词以语义。

没人能有某种奇怪的、代表各种各样三角形的"抽象三角形"的心智中的图像。

AB、BC、CA 这三条边的角总和是 180°。

只有**可感知的**才能有意义。我的感知力或想象力没有超出真实的存在或感知的可能性。

然而，贝克莱也并不否定一般性语词的存在或必要性。因此，如果没有"一般性观念"供其指称的话，它们又是如何起作用的呢？

个别的图像

他的回答是，一般性语词通过指称某一"代表"了其他所有三角形的特定三角形，来获取它们的语义。对贝克莱来说，观念几乎无一例外都是心智中的视觉图像，而这些图像必然总是关于个体的。

当我谈论"人"的时候，我心智中的图像是关于一个具体的个体，它"代表"或"意指"了所有人。

这是因为我们经验过的都是个别的事物，而非抽象物。这种代表通常也不是很精确，当然这也是它行得通的原因。

语言

贝克莱起初认为语词从使用中获得了它们的语义——一个非常 20 世纪的解释，但他又滑回他更熟悉的那种 17 世纪的"观念论"。

他赞同洛克说语词通过指称心智中的观念而获取语义，就算当我们说话或听谁说话时，那些观念无须持续呈现在我们的心智中。

不是以这种方式建基于观念的语词大多毫无意义。"无所依附"的语言因此惊人的不可靠。它导致了各种各样的困惑，通常是由抽象造成的。

它固化了过时的科学理论，赋予成见以权威。

结果我们仍在带误导性地谈论"日出"，可我们恐怕该说的是"地落"。

与此类似，"猫"这个词只不过是我们的感觉经验重复出现的模式或"集群"的一个名称——诸如形状、大小、颜色、运动、毛绒绒的质地、发霉的气味和喵喵的叫声。

猫

感觉经验集群包括

优雅的行动
柔软的皮毛
黑色
尖锐的爪子（可完全伸缩）
喵喵的叫声
大概身长 45 厘米

一切如何行得通？

　　贝克莱的哲学是关于感知的，但不可避免地也是一种与"什么是真的"以及"什么是基础的"相关的本体论和形而上学理论。当我们感觉观念时，它们不是随便一组涌入我们心智的不断改变的形状、颜色和运动。它们形成一组秩序井然的系列，组合成"族群"。我们的经验就是这样才具有意义的。

　　这是种非常便利的处理，无疑诱导着人去相信物理客体的存在。

　　日常语言也很有说服力。因为我们使用"猫"这个字，我们就预设有一个配得上这个字的物理客体。但存在的只是相互关联的"一束束"感觉经验。

琼森博士的反驳

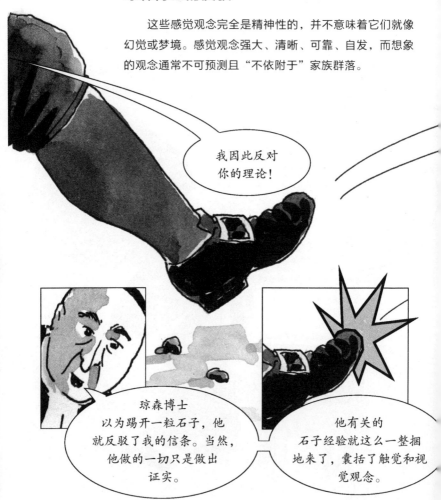

这些感觉观念完全是精神性的，并不意味着它们就像幻觉或梦境。感觉观念强大、清晰、可靠、自发，而想象的观念通常不可预测且"不依附于"家族群落。

我因此反对你的理论！

琼森博士以为踢开一粒石子，他就反驳了我的信条。当然，他做的一切只是做出证实。

他有关的石子经验就这么一整捆地来了，囊括了触觉和视觉观念。

塞缪尔·琼森（1709—1784）事实上是个真正的皈依者，因为贝克莱总是坚称，任意哪个族群的所有感觉经验中，触觉总是最可靠的。我们的感觉经验也通常是可预测和连续的。如果我们开始给浴盆注水，再离开浴室五分钟（浴室也就停止存在了，记住——存在与感知是同一的），然后我们再回来时，我们的感觉经验到的是一个比刚才更满的浴盆。

贝克莱的一元论论证

贝克莱认为，只有心智才能思考观念，因此，所有关于外部实体"支撑"观念的说法都是不可证的。我们永远无法表明我们的观念如何成为任何东西的"复制品"。

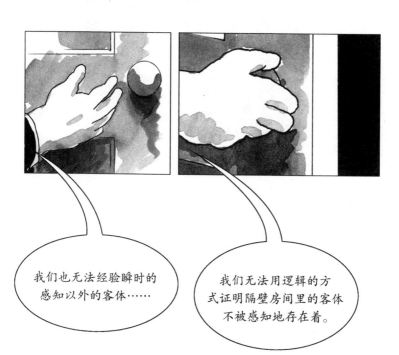

我们也无法经验瞬时的感知以外的客体……

我们无法用逻辑的方式证明隔壁房间里的客体不被感知地存在着。

想象和真理

因为贝克莱醉心于思考就是"看见观念"的想法，他经常被"想象论证"所说服，该论证提出感知与想象几乎是一致的。

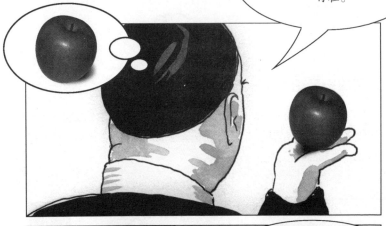

我们不能在不想到物理客体的时候独立想象它们的存在。

所以它们不是独立存在的。

我们无法想象完全由第一属性构成的东西。形状只能在染色后才能被分辨出来。形状因此必然像颜色一样是主观的。我们完全无法想象"物质"，因为我们没有关于它的经验。依此类推。

但我能或不能想象什么，可能与手头的问题没什么关联。就因为我不能想象或构想其他星球上的生命，不意味着逻辑上它们不存在。贝克莱还解释了为什么"存在"这个词与"被感知"是一回事。无法有意义地谈论某个存在着却不能被感知的东西。不可能那样去想。

一旦你想到一棵不能被感知的树，你就已经在你的想象中去感知它了。

因此，经验不可能无法被感知地存在。

纯粹的心智中的存在

　　洛克宣称，物理客体有客观"能量"，能在心智中制造第二属性的主观感觉。贝克莱忽略了这些因果性"能量"的客观状态，坚称第二属性仅存于心智之中。水可以对一只手来说是热的、对另一只手是凉的，因此没有所谓客观温度这种东西。完全取决于心智。第一属性也是相对和主观的。

但没人相信痛感存在于心智之外，所以热度和火堆自身也是不可能的。

一个站得离火堆太近的人会很快察觉热度，然后是痛感。

我关于"树的经验"是"高大"的，但只是对我而言。它们的高矮及存在，不可能是我的感知之外的什么东西。

　　任何有理智的人必然得出的结论是，只有**精神存在**——即，心智（或灵魂或"精神"）和观念。但如果肉身不能制造这些观念，它们也不源于我们，那它们就必然来源于以某种方式将之强加于我们的另一个心智。这强大无比的心智属于上帝。

来自上帝的论证

我们可以推测上帝存在，即便我们没有直接经验到上帝，因为我们的观念必须有一个非物质性的原因。幸运的是，上帝是善的，这解释了为什么上帝给我们有限的人类心智提供了井然有序的感觉经验。上帝直接将清晰、连贯、和谐的感觉观念植入我们的心智。

上帝还在感觉观念不能被直接感知时，替我们保管它们。看起来，不能被感知的观念最终确实在某种意义上存在。

等待感知的经验

草　球　树

感觉经验

（这种感知理论几乎使贝克莱成了一个"现象主义者"，这一点后面我会再谈到。）

上帝之于万物现在的状态是绝对必要的。

自我的存在

贝克莱还坚持说，我们知道"心智"跟观念一样存在着，因为我们有一个心智是什么的"想法"，即便这不是一个非常清楚的心智图像。

让心智检视自身很有难度。我们永远都不太确定究竟什么才算是一个关于心智的观念。

贝克莱极端经验主义的明显问题是，我们没有关于自我、心智或灵魂的直接瞬时经验。他只能求助笛卡尔式的解决方式：除非有一个**感知者**，否则不可能谈论感知的观念。

> 我感知，因此我在。

我们也许缺乏一个关于灵魂的清晰观念，但我们有一个关于灵魂的"想法"。如苏格拉底所言，正因为灵魂不能被分割，因此它必然不朽。贝克莱关于自我存在的论证相当弱，也非原创，但心智从来就不是一个哲学家们驾轻就熟的话题。

科学取决于上帝

上帝的存在对于科学也是至关重要的。科学理解之所以可能，是因为上帝让我们的观念有规律且可靠。贝克莱认为科学研究仍是可行的，虽然它只能是关于**观念**的而非物质的。他的观点是"工具主义"的：科学有用（但并不必然为真），因为它可以预测感官经验的规律。科学理论能揭示不同观念之间的纽带，但永远不能刺穿更深的现实。牛顿曾宣称时间和空间都是"绝对的"，因为两者都不依赖物理客体的存在或我们关于它们的观念。

时 间

时间缓缓流淌，与任何外在之物了无挂碍。

我不同意。"时间"完全是相对而言的——仅是我们时间性的心智中观念的序列，并无其他形式的客观存在。

TIME

时 间

那些用牛顿的绝对方式看待"时间"的人是抽象这个恶习的受害者。无人思索的时候，"时间"停止存在。

空间与数字

与此类似，只有意指的空间关系存在于心智中时，在牛顿的绝对意义上谈论"空间"才可能真的有效。贝克莱同时宣称，数字根本不可能存在于正在做数学的心智之外。

数学是我们发明的某种东西。这一观点使贝克莱成了一个"形式主义者"，形式主义者相信数字是没有独立现实性的有用的虚构。贝克莱的科学哲学现在看起来很摩登。**沃纳·海森堡**（1901—1976）量子力学中的不确定性原理强调，观察者所扮演的"干涉"角色能影响亚粒子物理学实验。空间和时间恐怕更像贝克莱所认为的，而非更像牛顿的设想——如果**阿尔伯特·爱因斯坦**（1879—1955）的相对论仍然正确的话。

上帝与心智

贝克莱说，存在着的只有一个无限之心智和我们数百万有限之心智——一个持续输送观念，其他的持续接收观念。这就是所有的一切。

我们不是坐在椅子上，而是坐在成捆的观念上。当我们闭上双眼，事物停止存在。

隔壁房间里的床并不存在，因为此时此刻，它无法被感知。然而，它以某种方式作为一束观念存在于上帝的心智中，在那儿等着被感知。

这是对感知和现实的一种哲学解释，看起来"荒谬至极却难以反驳"。

贝克莱不可驳斥吗？

贝克莱的哲学貌似"不可驳斥"，因为我们凭观察无法证明不能被感知的客体存在。我们只能预设或推断它们存在。我们无法通过任何归纳过程证明其存在，因为我们在此前没有任何观察的机会可以倚赖。我们无法推论说它们存在，因为我们没有任何可供推导的前提。

我赢了
这场辩论！

但我们中没有多少人
会被说服而觉得贝克莱的
结论是正确的。

这些论证有说服力吗？

贝克莱宣称，既然他的哲学是对感知、心智、现实和知识的一个漂亮简洁的阐释，它一定十之八九是对的。观念论把我们从对"实体"、物质如何能思考，或者"现实""实际"是"怎样的"等忧虑中解脱出来。但它的确对我们思考自身和世界的自然方式提出了大量要求。成为真正的贝克莱主义者要求一种"范式转换"，远离我们所有根深蒂固的信仰体系。

贝克莱用机智的论证对我们狂轰滥炸，我们大多数人都看得出这些论证奇怪或无效，虽然常常难以明白为什么会这样。

痛感在心智中……

热度导致了痛……

你一旦承认，例如，痛感是在心智中，热度导致了痛，你就身处滑向贝克莱的观念论滑溜溜的陡坡上了。

从中脱逃要求对感觉热度的行为与导致这种感觉的火焰的热度做一个明确区分。

循环论证

贝克莱的论证是"循环论证"的陷阱。它们用他想去证明的东西做论据。如果你从一开始就同意他说的物理客体只不过是观念，那就非常容易混淆以下两条命题：

没人能离开心智而去想象物理客体的存在。

没人能想象存在于心智之外的物理客体。

我们显然不能不通过一个在想象的心智去想象，但这并不能阻止我们想象存在于心智之外的物理客体。

我个人仍有自信说，隔壁卧室里的所有东西仍然相当恰当地存在在那里——虽然它们此刻无法被感知……

……但我没法对此做出证明。

上帝的干涉

当我开着水龙头放水、回到我"不能被感知的"浴室时，水龙头在我离开期间一直流水，难道不比上帝用某种天才手段进行了干预更有可能吗？贝克莱把上帝拉进他的非唯物论的一刹那，他就变得没那么有说服力了。

再者，如果我们的感觉经验是我们知道的一切，我们如何知道他人存在且拥有自己的心智，而且同样不是上帝想象中的虚幻之物呢？贝克莱的观念论轻而易举就能引发一场唯我论的癫狂。

也许有数百万个个体都被催眠而产生了对彼此的感觉经验？

如果我们经验的一切都是瞬时的感觉观念，我们何以信心满满地认为上帝就是它们产生的原因呢？没人有关于上帝的感觉经验，但贝克莱仍要求我们相信上帝的存在，而不是日常物理客体更为单调乏味的存在。

来自进化论的反驳

上帝创造物质并将其作为我们观念的起因，看起来会更为合理。这可能就是上帝赐予我们相当精准的感觉器官的原因。

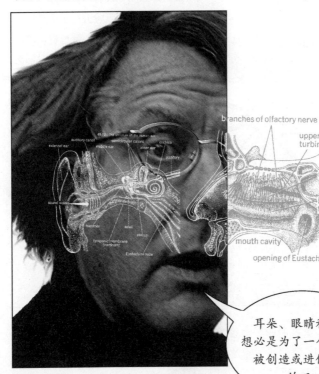

耳朵、眼睛和鼻子想必是为了一个目的才被创造或进化出来的吧。

幸运的是，贝克莱从没有想要让非唯物论与进化论融合。但毋庸置疑，他一定会想出一些天才的解释，让进化论融合进自己的理论。因此，哲学家们有时对贝克莱的方法感到恼火，因为它们看起来更像是悖论的机灵的小戏法，不像一种对真相的真诚求索。

大卫·休谟

大卫·休谟（1711—1776）生于爱丁堡，去世于爱丁堡。他的父母是拥有大片地产的苏格兰富庶贵族。作为爱丁堡大学的一名学生，休谟学习了洛克的哲学，也渐渐熟悉贝克莱的思想。他写出第一本书《人性论》（1740年）时正住在法国，但这本书引起的反响不是很好。

我没有被吓倒，随即写了一个更通俗易懂的版本《人类理智研究》（1748年），内容还是一样的哲学。

在休谟的时代里，他作为历史学家声名远播，但也作为出名的无神论者而臭名远扬。在晚年，他做过几个法国贵族的孩子的家教，做过图书馆馆员，做过英国驻法大使的秘书，还做过文职人员。

休谟的怀疑论

休谟将经验论转化成一种会震惊贝克莱的怀疑论。他攻击了基督教的神迹信仰，否认上帝的存在有被证明的可能性。他表明科学的基础深具形而上学性质，比任何人意识到的都远为不稳固。

他甚至质疑自我的存在。

休谟公然的野心是使"推理的实验方法"的影响波及"伦理学课题"（他指的是心理学和社会科学）。

我的"实验方法"与实验室或科学观测关系不大。

休谟几乎完全依赖于对他自己的心智的检视。他的分析实际上都是"概念的"或"语言学的"，不是心理学的。

观念与印象

休谟的哲学试图避免"观念"这个词的模糊之处造成的全部困惑。休谟的心智与"印象"、观念都是相通的。"印象"清晰有力，它们将自己"压印"在心智上，而"观念"则淡得多——是符合原本的复制品。多数印象来自感知，但有些来源于反思——当它们伴随着强烈的痛感或快感的时候。

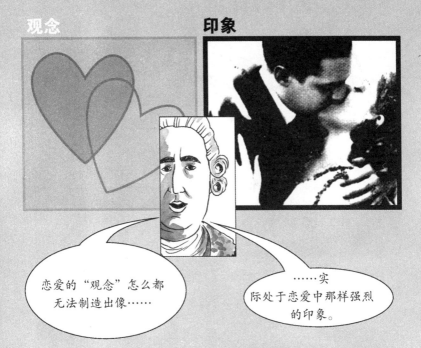

观念

印象

恋爱的"观念"怎么都无法制造出像……

……实际处于恋爱中那样强烈的印象。

休谟赞成洛克对知识逐渐累积的看法。心智不停地将印象（它们是自动的和不可分割的）聚合成简单观念和复杂观念。

印象与真理

原始印象不可避免地对我们能想象的那些观念施加限制。例如，关于美人鱼的复杂观念建立于两个印象之上——关于一个女人的印象和关于一条鱼的印象。

有关上帝的观念建立在对人类智慧和智能的原始印象之上，但被夸大了。这就是休谟如何及为什么得出他最重要的哲学学说的。

没有与之呼应的"印象"，就不可能有任何简单"观念"。

休谟经常将这一学说用作检验真理和意义的一种实证手段。如果你能将一个观念追溯到某种原始印象，那它多半就具有某种意义。如果你不能，那这个观念恐怕就是胡言乱语。

强度与活力的标准

休谟的印象学说对他整个经验主义理论来说至关重要。由于印象的被感知的清晰度和强度，它们只能在心理层面上与观念区分开来。这不可避免地制造了问题。我们总能将印象与观念区分开来吗？

记忆

信念

> 我主张我们识别出记忆与信念（我们的印象），是因为两者比单纯的想象（观念）更"有力"。

想象

但有时我们的想象能远比遥远的记忆清晰。因此，印象与观念之间的区别也没有完美的说服力。休谟也未对信念与知识的重要关系多加检查。这部分是因为他认为人类是习惯性地、不加选择地相信，但实际上，他们**知道**的并不多。

外部世界

休谟理解洛克的哲学，也欣赏贝克莱的一些作品。但很难说他究竟是一个表象实在论者，还是一个热衷的观念论者。他似乎一直对一个"外在"世界的存在保持乐观的不可知态度，令人惊奇地所言甚少。

我们能确定的一切就是印象的存在。

他重复了所有我们耳熟能详的、对物质存在的信念的驳斥。为了搞明白印象是否是"原型"真实的复制品，我们无法绕过感官提供的印象。我们也无法证明物理客体与我们的印象之间有任何逻辑关联。因此，物理客体可能不是我们感觉经验的原因。

哲学与日常生活

幸运的是，我们的印象多是连贯和稳定的，这一因素必然驱使我们去相信一个外部世界的存在。

对我来说，人类每天都在怀疑物理客体存在，这在心理层面是不可能的。

但这不意味他们的信仰就是合理的。

"外部的东西"的存在根本就不是休谟哲学的核心话题，其主要焦点在于心智里发生了什么，以及我们如何解析其内容。

休谟的叉子

休谟将所有的哲学论断、命题或"真理宣言"划分成两类：**事实内容**和**观念关系**。

像"三角形是一个有三条边的形状"这样的论断完全取决于它所包含的观念之间的关系，且"仅"通过"思维运转"或概念性分析就可以求证。

像"**史密斯是男性**"这类命题的真值取决于关于世界的一个被宣称的事实，且仅能通过观察得以验证。

事实内容

观念关系

我的"叉子"说，**所有**知识都呈叉子形分成这两类——关于推理的真理和关于事实的真理。

知识

这是一个非常重要的区分，有助于清理各种各样的哲学泥潭，尤其是"因果"问题。（休谟坚称，因果关系是一种事实内容，不是一种逻辑必然性。）

科学、神学和证明

自柏拉图以来，哲学家就一直赞赏"观念关系"，因为它们有一种让人放心的"必然性"或有保证的确定性。

2+2 **必须**等于 4。

所有的单身汉必须尚未成婚。

观念关系

事实内容从没有那种确定性，因为世界不总是可靠的。史密斯也许是个女的。

事实内容

休谟的区分意味着，所有对存在所做的宣称、所有因果关系的问题及全部科学，永远都不可能像数学真理和逻辑那样超越一切可能的质疑。不可能有"证明的科学"，上帝的存在也肯定无法得以确切证明。进一步说，如果论断看似既不是观念关系，也不是事实内容（就像不少神学），那么它们恐怕就是假装合理的胡说八道。

否则

理性

事实

因果问题

直到休谟为止，哲学家和神学家通常假定"原因和结果"就像逻辑必然性一样可靠。每个事物**必然**有一个原因，就像 2+2 **必然**等于 4。神学家们相信，一定有可能确切证明，上帝的存在是随后的所有原因和结果的"第一原因"。

如果每个事件"必须"有个原因，那么，在时间上回溯，"必然"有一个**毫无起因**的初始原因（上帝）开启了因果链条。由此上帝的存在得以证明。

火焰导致烟，蚊子叮咬引起疟疾，吸烟引发癌症。但原因本身**是**什么呢？

原因是什么？

休谟对原因的概念性的分析如下……

原因不可能像数学和逻辑那样是**先验的**（纯粹是思维之事）。

如果它是，我们就总会知道每个原因会产生哪些结果。

但我们不知道。

因此，这必然（依据"休谟的叉子"）是一个经验的问题、一个"事实内容"。让我们更贴近看看有关因果的这个"事实内容"。

恒常关联的表象

我们可以看到原因在"恒常关联"中作用于结果。无论何时有一方，就会有另一方。

肺部某些种类的焦油沉积几乎一定引发癌症。

我们可以看到原因总是包含时间上的优先。结果永远不会先于原因。没有"颠倒的因果关系"。

门不会在我开锁前打开。

什么是必然性?

到目前为止,一切都好。但我们能看到原因的"必然的"部分吗?我们无人能接受哪天可能有"一个没有原因的事件"。但我们能看到因果关系的"必然性"或者"原因本身"吗?我们究竟在此谈些什么?

对经验主义者来说,显而易见的问题是你"看"不到原因。这是一个没有任何印象与之呼应的观念。你可以看到一个台球撞击另一个球时的联动——另一个球能动之前,第一个球必须先动——但你无法看到"因果必然性"本身。

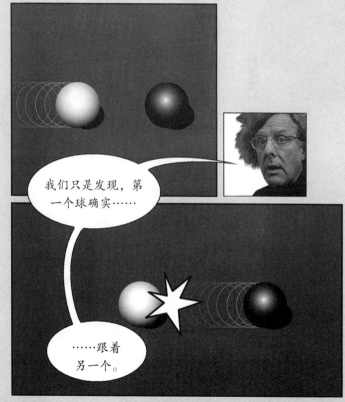

用休谟的语言来说,没有关于"必然性"这个观念的原始印象,而且,天哪,我们完全摸不着头脑该去找哪类现象。因此,我们为什么认为原因是"必然"的呢?

为什么我们这么肯定？如果我的摩托车机师说，就像他经常说的……

我搞不懂这次发动机故障的原因是什么。

我也许接受他说的，但还是让他再看看。

但如果他接着说……

发动机就是不转，故障也没个缘由。

我就无法接受了，虽然我也不太清楚为什么。**必须**有个原因吗，或者只不过我**相信**必须有个原因？

休谟解释"为什么"

人人相信原因存在的理由很简单……

因果"必然性"是心理的，而不是逻辑的。我们观察到的是世界上的恒常关联，而不是原因，我们获得了一种见到 A 就期待 B 的"倾向"，反之亦然。我们看见火就期望那儿有烟，反之亦然。这是一种合情合理的期望，基于经验，但仅此而已。

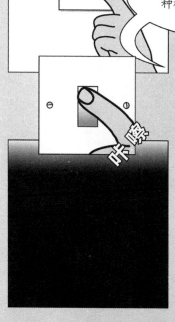

……原因仅是我们得出的一种概括，建立在我们对世界不可胜数的经验上。

最终它被植入我们的心智。但这个世界没什么固有的因果性，或者说，就算有，也不带来什么保证。因此，上帝存在的"宇宙论"或"因果论"论证被错误地设想出来。休谟的分析之后，没人再以同样的方式或以同等程度的自信来谈论原因了。

归纳和推理

归纳和因果关系相连。归纳就是看到世界且用我们的观察得出与之相关的概括性结论的过程。归纳有许多用途，其中一项是预测未来。

黑鸟儿能"预测未来"。它们今天飞回我为它们准备的食台儿，是因为昨天那儿有泡过的面包。

我假定明早太阳将从地平线上升起，因为太阳这样升起太多次了。但是，就如因果关系那样，归纳是一种"事实内容"，因此永远不是完全确定的，不像逻辑推理。

逻辑推理规则

逻辑推理"行得通",缘于"结论与前提规则"。结论不能包含比前提已经包含的更多的信息。

所有人都有肺

这是一个人

因此他有肺

逻辑推理

本质上是个空洞的戏法,它"行得通"是因为它只是在重复已经一目了然的东西,就差瞎子都能看见了。

所以人都有肺

这是一个人

因此他能呼吸

但我们经常跳跃到另一个结论……

这次的结论是无效的。两个前提中哪里提到了呼吸?归纳有时看起来在玩儿同样的逻辑把戏,但其实不是。

我迄今为止观察到的所有人都有肺,

因此,所有人都有肺

活着的所有人确实有肺,是种极强的可能性,但该论证没有证明这一点。这条结论从一组有限的观察(一些人)"跳跃"到了一条普世的真理(所有人)。

这条归纳式的结论明显在推理上不成立。

归纳的功用

不论归纳看起来多么可靠，它都不可能成为推理。这是因为它是基于对世界的观察——世界是一个通常可靠但又可能出人意外的地方。

我可能忘了把面包放出去。

有一天人可能借助人工鳃呼吸。

地球可能被挤出它的轨道。

因此，归纳性的"推理"无法变成观念关系。其结论也无法得到经验的验证。（现在和未来都没有能观察无限多可能性的人。）我们能做的一切就是承认，归纳可以产生有关可能发生之事的有用信息。所有人都可能有肺，我周围的黑鸟可能会去吃食儿，太阳可能会升起。就像我们因重复而习惯去相信因果关系，归纳之于我们也是如此。这是我们无法抹掉的"一种动物性冲动"或本能。

解决归纳的问题

休谟认为，归纳的"问题"本质上是不可解决的。只有当你预设归纳就是推理时，它才是个问题。一些哲学家争论说，当休谟宣称我们不是真的"知道"归纳告诉了我们什么的时候，他是在误用语言。

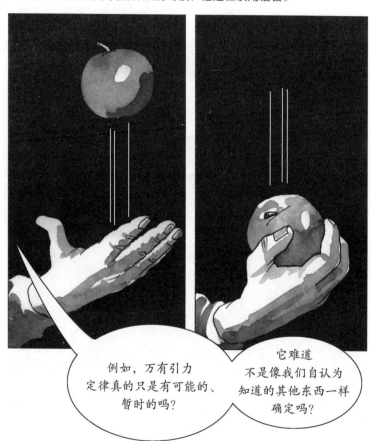

例如，万有引力定律真的只是有可能的、暂时的吗？

它难道不是像我们自认为知道的其他东西一样确定吗？

当休谟提出我们只能"知晓"逻辑和数学的结论时，他的"知识"定义似乎是令人难以置信地狭隘。

实用主义的回应

实用主义者欢迎归纳,是因为它(到目前为止!)显示出自己极其有用。推理行得通只是因为它谨小慎微,其结论永远不会"告诉你更多"。另一方面,归纳的全部意义在于告诉你比涉及所有人、所有的日出和未来所有的日子的可能性更多的东西。

所以归纳其实真的不是一个"问题"。

归 纳

我们被它卡住了。我们没有其他可用的预测方法来解读生活。不管怎么说,休谟告诉我们的是,我们确切知道的东西非常之少。

自我认同呢？

人类的自我认同向经验主义者们提出了一个明显的问题。我们永远不可能对心智、灵魂或个性有直接的**感觉**经验——除非通过内省。洛克和贝克莱都论证说，总要有某种实体来感知观念。但在《人性论》中，休谟语出惊人：没有人的"自我"这么个东西。他再一次依赖其"印象／观念"的实验。我们可能有一个关于心智的观念，但支撑它的印象在哪儿呢？

> 不论我们怎么探索自己，我们都没有为我们关于"心智"的观念找到某种印象。

> 因此，相当古怪地，拥有印象并作为其"所有者"的器官，没有产生一个关于其自身的印象。

向内看

我们通过内省感知的一切只是一束束的观念，但永远不能算作"精神实体"。自我或者是一个基于推理的假想实体、便利却未经检验的虚构，就像"物理客体"；或者，自我更奇怪地是一个过程。

就我自己来说，当我极其亲密地进入被称为自我的东西时，我总是撞见一些这样或那样的感知，关于热或冷、光或影、爱或恨、苦或乐。

我从未在任何时候发现自己连一种感知都没有，也观察不到除了感知以外的任何东西。

这意味着感知停止的时候，自我也停止了。

对休谟来说没有不朽的灵魂，但什么才算得上关于心智或自我的"印象"仍不明确。休谟的极端怀疑主义并未妨碍他使用像"我"这样的人称代词，或指称"我的"印象、"我的"感觉等等。休谟最终承认，人类的自我认同是一个"对我的理解力来说太难了"的问题。

休谟论自由意志

一个一直困扰着哲学家的问题是"自由意志"。如果所有事件都是由原因"决定的",也许我们自己所有的选择和决定也是。这意味着我们没有谁真的是"自由的",即便我们觉得自己是。休谟逃脱这一困境的方法部分是抛弃对因果关系的"必然性"的信仰。说到底,原因和结果不是被某种钢铁般的必然性密不可分地联结着,这种联系完全是心理上的。

因此,人类行为没有"必然性"。但人类还是自由的,因为他们自己就是其行为的"原因"。

宗教、证明和设计

　　休谟是个无神论者。他争论说，奇迹不大可能，因为只有极少的证据表明它们发生过。更可能的恐怕是——"奇迹"确实发生或者那些见证了它们的人，要么就是轻信、搞错了，要么是在说谎。上帝存在的证明之一是"宇宙目的论"证明，或者从我们在世界上看到的"设计"而来的论证。宇宙看起来像是一台设计精良的复杂机器，因此它必然有一名设计师。

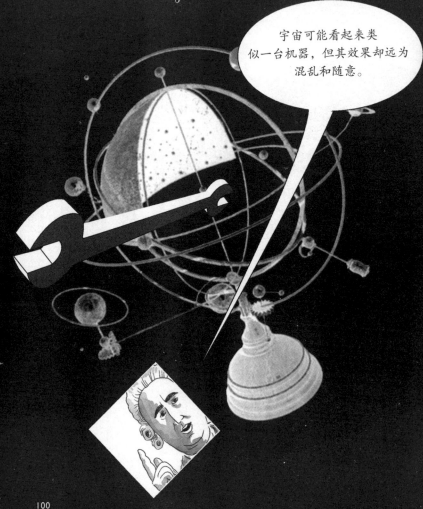

宇宙可能看起来类似一台机器，但其效果却远为混乱和随意。

仅仅因为世界看起来井然有序，并不意味着它必然有个设计者。要对"设计"做出归纳性推理，我们也需要不止一个例证——但目前情况下，我们只有一个宇宙。宇宙也许有过好几名设计师。人类总是愿意去设想宇宙是为他们的便利而创造的。

但我们以及宇宙，都一样可能只是偶然产物。

伊曼努尔·康德（1724—1804）随之提议说，是我们人类将"设计"强加于宇宙。"设计"不是我们观察到的什么东西。

宇宙可能没有人们曾经预想的那么井然有序。

如果休谟曾受益于进化论或量子物理学知识，他对宇宙目的论论证的批判会走得更远。

伦理学、道德语言与事实

休谟革新了伦理学，或者更精确地说，我们对于我们所赋予的道德语言意义的理解。他的主要论点是，道德语言不是事实性的，而是评价的。当我说"战争是邪恶的"，我可能以为自己在客观地描述战争，但我只是在告诉你我的主观情绪。没人能以经验捕捉战争之"恶"。"恶"这样一种实质无法令心智生成**印象**。（例如，不像更具事实性的"战争对生命和财产是毁灭性的"那样。）

"战争是邪恶的"似乎没有比"我不喜欢战争"多说了什么。

如果他的分析是对的，这意味着任何人都不可能"证明"他们的道德信念或感情，不论他们能搜集多少事实证据。

后伦理学

休谟对道德语言的意义及效应的洞见产生出一个哲学分支，有时被称作"后伦理学"，或者道德语言的意义及功能研究。

后世哲学家们修正了休谟对道德语言的分析，但迄今为止，似乎无人能证明他的话有误。

> 我总结说，道德多是关于增加幸福和减少悲苦。

道德

幸福　　　　　　　　　**悲苦**

另一位哲学家会在下个世纪以极大的热忱和活力追随的见解——后文详述……

对休谟的总结

休谟用经验主义的工具挑战了人类几乎所有的基本信仰。对此我们实际上**知道**的不多。逻辑不能从事实"跳跃"到道德结论。归纳无法变得具有逻辑性。因果关系就在我们之内,不在外面的某处,而且可能根本就没有"我们"。休谟的"印象"和"观念"的理论很快揭示,我们的多数观念都没有经验依据。

> 但如果人类不过是一束束的"印象",也不存在物理客体,那么印象一定至关重要且相当独特。

> 它们既不可能完全是物理的,也不可能完全是精神的。

> 它们是"中性的"现象,我们所有关于心智和物质的错误信仰都源于其中。

> 但休谟从未澄清印象是什么或者它们如何与观念不同。它们比任何其他东西都更是一种分析和批判的工具。

康德对休谟的批判

　　休谟对许多轻率持有的人类信仰的毁灭性分析，刺激了德国哲学家伊曼努尔·康德在其以艰涩闻名的名著《纯粹理性批判》（1781年）中为这些观点辩护。然而，康德对知识的辩护仍是"批判性的"，且预设了理性的自然局限。

休谟在寻找根本不可能存在的"印象"——因为它们是固有的，是人类心智不可回避的特征。

我们看见一个充满物理客体——它们引发事件并存在于时空之中——的世界，因为我们大脑就是这样被"接通电源的"。

　　我们不是检视世界然后"习惯于"它，而是向其投射概念。也许是我们使这个世界带有人的痕迹，而不是世界塑造了我们思考的方式。但这完全是另一本书的主题了。

J.S. 密尔的经验论

约翰·斯图尔特·密尔（1806—1873）是 19
世纪最重要的英国哲学家。他的父亲詹姆斯·密尔
（1773—1836）几乎从儿子一出生起就给他填塞
知识，而且不允许他有任何童年玩伴。可以理解，
二十一岁的时候，他发生了一次精神危机。

我用长时间的散步和诗歌治愈了自己。

密尔在东印度公司工作了多年，还短暂地当
过议员。他的私生活和政治生涯受到哈莉特·泰勒
夫人——他最终的妻子——的巨大影响。他最著
名的作品是《逻辑学体系》（1843 年）、《论自由》
（1859 年）和《功利主义》（1863 年）。密尔还是
一位伟大的改革家，呼吁议会改革和妇女权利。他
是一个非常激进的经验主义者。

感觉的永久可能性

密尔通常被认为是"现象主义"的奠基人。这一理论坚称，我们意识到的一切都是"现象"或表象——不是"本体"或实体。

球、黄铜、硬、闪亮、打磨过的、冷、金属般的

肿胀的

绵软

轻松的

温暖

柔软

羽毛

白色

气味

织物

我们对物体的知识只包含它们在我们之中激起的感觉，或我们想象它们在我们之中激起的感觉。

现象主义不同于观念论，因为它能让你去谈论可能的以及实际的感觉经验。某个东西实际上是不是被感知到无关紧要，关键是实践中它能否被感知。

可能的感觉

"不能被感知的客体"的问题因此得以缓解——如果不是得以解决的话。贝克莱的上帝不再被要求令那些人类没看见或无法看见的东西存续。密尔在所有通常意义上都是正统的经验主义者：感觉以固定"族群"出现，但对于一组组的观念，没有任何"基质"或"隐藏的原因"作为证据。

隔壁房间的床也许不是以物理客体的形态存在的——但确实存在的是一组连贯的潜在经验，无论何时我一走进房间就会被"激活"。

物质是感知能力的永远的可能性。

当我们谈论物理客体时，我们其实在谈的是"可能的感觉"。像"隔壁房间有张床"这样的简单陈述应被重组为"如果有人在那间房里，他们就会有床一般的经验"。这真是贝克莱问题的一种令人颇为绝望的解决方案。密尔似乎有时想把物理客体"还原"到哲学上更能接受的程度，有时又想全盘消灭它们。

我们为什么相信物体？

洛克这样的表象实在论者认为，物理客体一定是我们的观念的原因。密尔这样的现象主义者认为，我们从自己的感觉中建构出物理客体。但为什么我们大多数人还是相信它们呢？密尔宣称，我们关于物理客体存在的这种信念不是天生的或理性的，而是一种"后天倾向性"。我们一旦经验了一组感觉，我们的心智就开始期待更多相同或类似的感觉。

我们倾向于把这些潜在的"类似的感觉"想象成永久性的。这使得我们预设它们有一种客观的真实存在，与我们对它们的感知相分离。

我们经验的恒常规律性不仅在我们的心智中建立了根深蒂固的期望，还使大部分感知成为自发的。

密尔立场的问题

但"可能的经验"又有怎样一种存在（或处于何种"本体论状况"）呢？密尔认为，它们在某种意义上是客观地独立于我们的，我们会不由自主地接收它们。但感觉又如何独立于心智而"存在"呢？

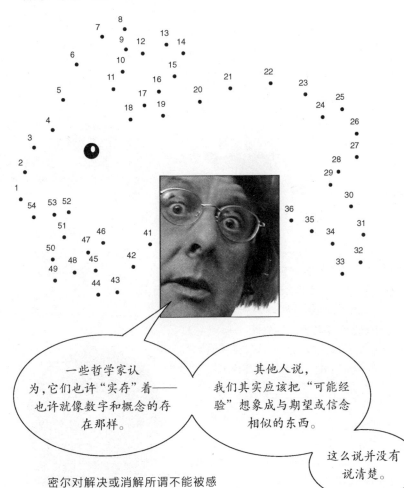

一些哲学家认为，它们也许"实存"着——也许就像数字和概念的存在那样。

其他人说，我们其实应该把"可能经验"想象成与期望或信念相似的东西。

这么说并没有说清楚。

密尔对解决或消解所谓不能被感知之物的存在问题的尝试仍难服众。

密尔论数学

休谟把"观念间的关系"与经验性"事实"彻底区分开来。我们不需要经验的确认，就知道 2+2 必然等于 4。但密尔坚称，我们**所有的**知识必须来自经验。他的阐释因而陷入极端：数学和逻辑中的推理知识其实是**归纳的**。数字是从我们观察到的所有物体中得来的一种"精练概括"。

我们从小就学到两块砖加两块砖等于四块砖。我们由此预设，客体诸如此类的叠加会产生同样的结果。

他令人震惊的结论是，数学因此不是"必然的"，而只是可能的，像所有归纳性的概括一样。

2 加 2 不太可能有一天等于 3，但这仍然是种可能性。

我们的心智不记得算过两把椅子加两把椅子，然后发现它们加起来是三把，但那是因为我们之前从未经历这件事，不是因为这件事在逻辑上不可能。密尔对数学如何"有效"的解释似乎仍未完全令人信服。

密尔的逻辑学

密尔宣称，逻辑学的基础"规则"同样来自于我们对世界的观察。（我们知道一条陈述可以或对或错，但不能既对又错——因为世界就是这么教给我们的。）虽然逻辑推理看起来能产生可靠的知识，密尔指出它有个主要弱点。推理的前提总是来自观察和归纳。

我永远也不能百分百肯定"引力使所有苹果掉落"，因为这是一种归纳的概括，且只是一种可能。

而"这是一个苹果"的前提只能通过观察肯定或否定。

密尔论归纳

休谟表明，归纳只能得出可能的结论。密尔同意归纳"从已知'走向'未知"，因为世界不总是可靠或整齐划一的。

但归纳对所有科学活动而言都是相当理性和基础的。

经验观察就这样被转化成某种更牢固和持久的东西。

一条科学"定律"是一条我们接受的规则，因为它看起来具有可靠的预见力，包括"因果律"自身。

密尔对原因的处理

人类经验已向我们表明，迄今为止万事总有其因。但因果关系毫无逻辑性或"必然性"。我们关于它的知识是基于经验和归纳的。因果关系意味着"一件事发生所需的全部条件"。"必要条件"是指那些对于事件发生具有决定作用的条件。很多必要条件是显而易见的，有些则没那么明显，因为它们太基础了。

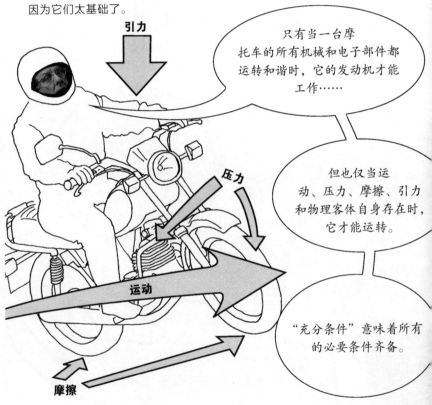

引力

只有当一台摩托车的所有机械和电子部件都运转和谐时，它的发动机才能工作……

压力

但也仅当运动、压力、摩擦、引力和物理客体自身存在时，它才能运转。

运动

"充分条件"意味着所有的必要条件齐备。

摩擦

如果一个必要条件缺失（没汽油了）时，条件就是不充分的。当然，在实际中，我的摩托车机师不太会过分担忧物质世界的存在，而是通常会挑出一两个更明显的必要原因。但我们挑出来算作"原因"的，经常是某特定时刻对我们而言更重要的原因，而不是最基础的必要原因。

心智是什么？

密尔对心智通过不断联结观念来学习和适应世界的方式感兴趣。但心智是什么呢？密尔赞同休谟所说的心智"不过是我们的一系列感觉"。我们没有对心智的直接经验。物质和心智都是臆测的。但这两种"实体"的中性化可能导向唯我论（即只有我的经验存在，即使是我关于其他人的经验）。即便如此，密尔争辩说，其他心智的存在是极其可能的。

我发现自己对其他人的感知与我自己在很多可观察的特征上是相同的。

所以他们很可能与我一样有意识。

像休谟一样，密尔也发现难以解释为什么他觉得自己的一连串感觉是独一无二的。人类的自我认同、意识和自我的概念似乎仍是"无法解释的事实"。

密尔的伦理学和政治哲学

密尔在感知问题和科学哲学方面著述颇丰。但他作为道德哲学家和政治哲学家最为知名。年轻的密尔认识并仰慕功利主义伦理理论奠基人**杰里米·边沁**（1748—1832），并完全折服于功利主义。边沁真心相信有可能使道德和法律都具有"科学性"。

> 关于人类心理学和生理学的基础经验性真理是：人类是趋利避害的。

> 因此，个人和政府的道德责任是令幸福最大化、痛苦最小化。

边沁相信幸福可以用其强度、时长和可靠度等来衡量。功利主义还必须是民主的，因为幸福必须尽可能地广泛。传统道德律条通常是道德判断和道德行为的良好指南，但它们不是强制性的。（一个带着好几个饥肠辘辘的孩子的母亲可能被允许去偷面包，如果这能产生更多幸福、少一些悲苦。）

更高的快乐

边沁的道德哲学有条有理，但称不上精妙。在《功利主义》（1863年）中，密尔试图重新定义和捍卫道德哲学。他担心"大多数人的专制"会致使美学品位普遍地下滑。如果大多数人在看真人秀时最幸福，节目策划者就可能只提供这类节目。密尔的解决方案是温和的精英论。

幸福

> 阅读华兹华斯仍旧比玩儿英式保龄球和喝啤酒对你更有益。

密尔坚称高尚文化产生出多种经久不衰的幸福，因此不应被全然抛弃。

边沁认为功利原则是不证自明的。密尔试图"证明"因为我们渴望幸福，功利主义才因此是一种"令人渴望的"道德哲学。但"幸福"不一定要等同于"善"，密尔也从未真的解释我们为什么应为他人带来幸福。

密尔的政治学

密尔是一名古典自由主义者。所有个人都应尽可能摆脱干涉、自由自在——尤其是政府的干涉。只有当个体生命被允许实现个人的潜能时，他们才有活着的价值。无人有权干涉个人自由，除非他们自己的生命或自由受到了威胁。

一开始我被说服了，认为**自由放任的**资本主义经济制度会创造"最多人的最大幸福"，但在后来的岁月里，我对社会主义理想更赞同。

密尔还是妇女权利的积极倡导者。他维护各种少数派的权利——后者经常被公众偏见强制去服从。

密尔倡导民主和言论自由。民主鼓励个人成为成熟独立的公民，而不是驯服的臣民。当许多不同见解和观点得以表达，那些有创意的、真实的和有价值的观点就能百花齐放。

伯特兰·罗素

约翰·斯图尔特·密尔是伯特兰·罗素在不可知论上的"教父"。**伯特兰·罗素**（1872—1970）生于贵族家庭。他的父母在他很小的时候双双离世，他是被严厉的祖母带大的。后来他就读于剑桥大学圣三一学院，并且很快证明自己是名优秀的数学家。

> 我逐渐确信，数学在某种意义上可以被简化成逻辑学。

罗素费时多年想证明这一点，但没有成功。他在政坛上也一直很活跃。"一战"期间罗素因抗议强制征兵而入狱，20 世纪五六十年代还曾发起反对核武器的运动。他恐怕是最后一位相信认识论和知觉注定是哲学核心问题的伟大哲学家。

相对的感知

罗素接受了英国经验主义的大多数理论。他认为，我们的感觉经验的连贯性很有可能是物理客体造成的。但这些经验是我们能正确宣称自己知道的全部。不同的人有对世界不同的感觉经验，这说明所有经验知识无可避免是相对的。

鉴于我们两人的位置、房间的照明方式等不同，我对一间房的感知将不同于你的。

感觉材料

我们经验的是感觉或罗素遵照 **G.E. 摩尔**（1873—1958）所说的"感觉材料"——房间的所有色彩、形状、质地、气味和声响。

所以这里没有"实存的"房间，房间也没有"真实的"颜色。

它们仅仅是"材料"，因为它们确实提供了信息，还因为它们是"被给予"的。

G.E. 摩尔

感觉材料是超越我们掌控的无意识的现象。

虽然不可能说清有没有像房间这样的物理客体，至少感觉材料本身毋庸置疑。

罗素的知识论

按罗素的说法，我们亲知的只能是感觉材料，而不是客体。

因此，举例来说，我们关于"房间"的任何知识都可能出错，因为物理客体只是从感觉材料推演而来的"逻辑构造"。

对这类派生的知识，我称之为"描述的知识"。

我们还有关于其他内在精神现象的"亲知知识"，比如记忆、信仰和疑虑，奇怪的是，还有像"白色""兄弟关系"和"不同"这样的一般观念。因此，所有描述的知识最终都依赖于亲知知识。

逻辑原子论

大多数经验主义哲学家总是以一种分析或"原子论"的角度看待知识。检验人类知识的方法是将其拆解成像"简单观念""印象"这样的基础部件，再考察复杂观念和知识系统如何与这些基础的知识"微粒"相关联。如果你能做到这一点，就应当对你所谈论的东西有一种更好的理解。罗素的"逻辑原子论"就是这套方案的一个复杂版本，一种知识与意义的理论。

罗素的原子看起来是合乎"逻辑的"，这是说复杂的事实可以由此建构。

世界是由像感觉材料一样的"逻辑原子"构成的，还有谓词或关系等，以及由这些原子构成的事实。

我所知道的"房间"，从间接描述的意义上讲，是一个我从直接亲知的感觉材料中编织出来的逻辑构造。

意义和原子事实

感觉材料本身也颇令人费解地既是**客观的**（因为它们是"被给予的"）又是**主观的**（在心智中的）。罗素提出，感觉材料两者都不是，而是"**中立的**"实体。关于世界的"原子事实"也是简单的，与逻辑无关。

"这是黑色的"叙述了一个原子事实……

……但"这是黑色或灰色的"则不是有关原子事实的。

最终，所有语言学的意义都是从这些基础性的"原子"和"事实"中获取的。

这是一个极其复杂（有时模糊）的理论，部分来源于罗素的学生**路德维希·维特根斯坦**（1889—1951）的早期著作，后者也在尝试确立语言如何具有意义。但最终，罗素复杂的经验主义的意义理论仍然不能令人满意。

数学和逻辑学

现在没多少哲学家认为罗素关于意义的经验主义哲学很重要了。他最为世人铭记的可能还是早年与哲学家 **A.N. 怀特海**（1861—1947）合著的《数理逻辑》（1910—1913 年）。

在罗素为达成该目标所做的努力中，他主要通过展现逻辑学自身如何能被数学化，为今天多种多样的复杂的符号逻辑论题做出了重要贡献。他重要的论文《论指称》（1905 年）引领了众多现代哲学家相信，哲学必须一心一意地投入"分析活动"，即解构日常语言，揭示其真正的"逻辑形式"。也许这就是罗素留给 20 世纪现代哲学的主要遗产。

A.J. 艾耶尔和维也纳学派

迄今为止，最后一位伟大的英国经验主义哲学家是 **A.J. 艾耶尔**（1910—1989）。他最著名的作品《语言、真理和逻辑》（1936年）看起来很"摩登"，因为它几乎完全专注于语言和意义。艾耶尔 1930 年代初去维也纳旅行期间结识了"维也纳学派"。

我们是科学家，不是哲学家。

我们认为知识只能来源于对世界系统科学的研究。

这是一个乐观的激进主义者的非凡群体，被称作"逻辑实证主义者"。

艾耶尔攥着各种激进宣言回到了英格兰，坚信逻辑实证主义是传统英国经验主义的一种彻底的再陈述。

鲁道夫·卡尔纳普（1891—1970）

奥图·纽拉特（1882—1945）

莫里兹·石里克（1882—1936）

是这个世界本身构成了人类知识的边界。

126

意义和逻辑实证主义

　　逻辑实证主义者坚称，不可能有"哲学知识"这种东西。现代哲学只能是个有用的"二级"领域，运用符号逻辑来分析概念，理清语言学上的困惑，并"消解"所有传统哲学的伪问题。逻辑实证主义的一个口号是"命题的意义在于其证实方法"。这意味着，所有的命题都需要解释其内容如何在实践或理论中是可以被检验的。

"在我坐的地方地下 500 英尺有一个铁矿石矿床"这个命题在理论上是可检验的，因此具有意义。

但"上帝创造了世界"则是不可检验的，因此毫无意义。

　　年轻的艾耶尔极端、乐观、自信。他坚信，"实证原则"揭露了大部分神学、形而上学和伦理学何以是骗人的谎话，带着有意义的假面。

语言的巫术

经验主义哲学家一直怀疑语言有误导和欺骗的能力。培根、霍布斯、洛克、贝克莱和休谟都同意，语言能说服哲学家相信诸如"本体"这样不存在的实体。实证原则现在揭露了有关此类事物的说法都是胡言乱语。

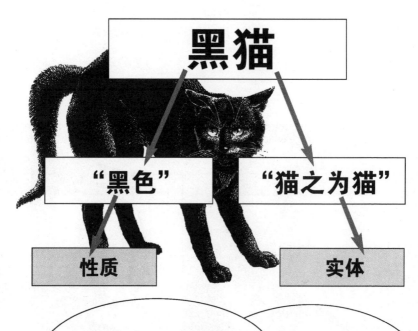

黑猫

"黑色"　　　"猫之为猫"

性质　　　实体

声名狼藉的"实体"问题之所以产生，是由于日常语言的结构折射出了世界是如何构成的这一假设。

就因为日常语言包含形容词和名词，并不能推出世界也由相应的性质和实体构成。

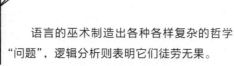

语言的巫术制造出各种各样复杂的哲学"问题"，逻辑分析则表明它们徒劳无果。

是之所是

　　"是"这个动词的所有变型总是鼓励哲学家们认为，某些实体拥有它们并没有的实存。

　　"独角兽是在树林里"的"是"并没有提出实存的主张。它只是将两个观念连接在一起。

　　"猫是哺乳动物"其实与"哺乳动物包含猫"的意思相似，诸如此类，仅在事实陈述的层面上有意义。

艾耶尔的现象主义

艾耶尔是另一个现象主义者。他同意密尔和罗素所言：感知必须用心智和感觉材料来分析。物理客体的实存不可证明，其真实属性亦未可知。现象主义怀疑，物质客体是否能不依靠观察者而独立存在、或者它们是否必然是我们经验的起因。

因此，每当我们入睡，客体就停止作为实际经验而存在，变成仅仅是可能的经验。

这是一组非常奇怪的信条，艾耶尔将它转变成不那么耸人听闻的语言学理论。

所有关于物理客体的**陈述**都应被翻译成"在逻辑上对等的"、关于感觉材料的陈述，这种做法既是实际的又是可能的。

但艾耶尔很快认识到，任何"感觉材料语言"都将难以置信的冗长，而且无论何时指称"看起来像草的"感觉材料或潜在观察者的存在时，混进"物理客体语言"会在所难免。

先验的同义反复

逻辑学和数学的先验或演绎命题一直困扰着经验主义哲学家，因为它们似乎可以神秘地"自我确证"。它们不是因为任何一种观察或实证才是真的，它们看起来就像一顿"免费的午餐"。密尔曾坚称它们不存在。但多数经验主义者在摘掉其重要性的神秘面纱之后，又不情愿地接受了它们。艾耶尔认为数学命题有"意义"，但数学真理自身只是空洞的"同义反复"。

$$2+2=4$$
$$1+1 \ + \ 1+1 \ = \ 1+1+1+1$$

> 数学是"分析的"。2+2=4 并没有告诉你关于世界或除其自身之外的任何新鲜东西。

> 它只是一条捷径，告诉你 1+1+1+1=1+1+1+1。

逻辑学与此相似，是一种空洞的字面上的现象。"所有的单身汉都未婚"明显为真，取决于我们对"单身汉"和"未婚"这些词汇的语义和功能的理解，仅此而已。我们知道只要有形状就有尺寸，这是源于我们对诸如"形状"和"尺寸"等术语的语义和蕴含的理解。

这么说对吗？

　　"所有红色的东西都有颜色"为真，只是因为"所有东西""红色""颜色"这些词的意义。但这么说对吗？有些哲学家说，人类语言必然要反映语言背后的现实。逻辑学的基础"法则"必然反映了现实本身的基本性质或人类理解的局限，或两者兼而有之。

　　这些逻辑法则的真理性完全先于语言。

　　美国实用主义哲学家 **W.V.奎因**（1908—2000）声称，把命题划分为两类（"可检验的"与"自我确证的"）的休谟主义的习惯，其本身就是一个需要接受挑战的经验主义"教条"。这些教条在程度上不同，但均属同类。

其他所有知识

植入的规则和法则

　　也许一些法则、规则和命题深深"根植于"于我们的知识系统之中，并使我们其他所有的知识成为可能。这就是我们倾向于认为它们能"自我确证"的原因。

分析哲学

追随着罗素的脚步，艾耶尔崭新的"分析"和语言哲学重新定义了哲学家的任务。

政府

真理

上帝

现实

逻辑
分析

道德

推测什么是"真的"或者上帝是否存在，都毫无意义。

我们的任务不是将一个道德的举动与一个非道德的举动区分开来，或辨明人类是否需要民主政府。

从几条不证自明的真理中构建"系统"也不是他们的活儿。

哲学家存在是为了从事逻辑分析，仅此而已。

他们没有通往隐秘的真理的路径。

宗教的情况如何？

逻辑实证主义者大多敌视有组织的宗教，他们将之与迷信、不宽容和战争联系在一起。对神学与宗教的语言分析揭示出，它们都是"胡言乱语"。不可能去证实或检验"一位仁慈的上帝将拯救我们的灵魂"。艾耶尔因此赞同休谟。

神学几乎完全是诡辩和幻觉，应该被丢进火里。

但神学家争辩说宗教语言不像科学的语言，其功能不是去陈述经验事实。

其他哲学家批评意义的实证主义理论太多束缚和条框。人们以各种各样不同的方式使用语言，目的和原因五花八门，他们中没多少人会认同自己说的"多是废话"。

伦理学的情况呢？

与此类似，伦理学语言不可能是事实性的，所以不能被证实。这似乎将之变为一种特殊的呓语。休谟曾宣称像"战争是错误的"这样的陈述，其实是关于个人情感的陈述（"我不喜欢战争"）。艾耶尔在其情感主义理论中语出惊人：伦理学命题甚至更加落后——它们不过是情感的不理智宣泄。

说"战争是错误的"仅是情感的表达……

"战争——滚开！"

但宣扬你的激情当然不是道德语言的唯一功用。

情感主义似乎剔除了道德话题的任何冷静或探索性的讨论，也没有解释为什么其中不少话题能取得这么多共识。

英国哲学家 **R.M. 黑尔**（1919—2002）认为，道德陈述似乎更多是作为普世原则而起作用。"**战争是错误的**"这条陈述应被重组为……

不要参战，说的就是你！

实证主义的问题

艾耶尔对意义的实证主义阐释很快遭到了攻击。

在 1979 年，我承认它几乎所有的主张都是错的。

实证主义原则自身不能被证实或变得可检验……

因此它也是废话。

艾耶尔发现自己无法明确阐述实证主义原则，使得关于**无可证实的**中子、夸克、科学"模型"和归纳的概括陈述具有意义，而关于鬼魂、灵魂和上帝的陈述却不具有意义。现代科学通常是抽象、复杂、假说及整体性的，不总是能提供可经观察去证实的、孤立的事实主张。意义也似乎先于实证。你怎么去证实你明知无意义的陈述呢——直到它们被证实？

艾耶尔的意义理论

包括艾耶尔在内的经验主义哲学家们总是被意义的"指称"理论所吸引。语词具有意义，因为它们以某种方式"指向"世上万物或心智中的观念。罗素和艾耶尔都认定（部分由于维特根斯坦的早期作品），一旦语言和现实被"原子化"（以基本的逻辑命题和相互关联的"感觉材料"的形式，被分解成它们最基本的组成部分），就能解释、解决意义问题。

但把每样东西都"还原"至其最原始的组成部分并不总能说明很多。

理解一块手表的最佳方式是看它运转并观察人们怎么用它，而不是将其拆成碎片。

人类以多种不同方式传达意义。不是他们的所有交流都能在逻辑上被"分解"。所以，实证可能是一种合情理的科学的程序，能用来决断什么是可检验的，但作为一种普适的意义理论就没什么大用了。

意义即用法

维特根斯坦总结说，寻找赋予语言以意义的任何"唯一的大东西"都是很荒谬的。

语言是一种社会和文化现象，从其自身的内在差异和结构中生成意义。

它是一个有用的工具，人类可以用它玩各种"游戏"。

语言还可能误导哲学家无望地追寻不存在的实体。仅仅因为有"艺术""善"和"意义"这样有用的词语，并不意味着它们需要与某个实体有一对一的联系且产生意义。与真理不同，意义似乎与词语或语句指称的东西，以及可被观察或不可被观察的东西关系都不大。

经过检验的理论

本书开头就解释了哲学家如何总是赋予"知道"这个词一种相当特殊和不寻常的意义。

我们只能真正"知道"那些绝对确定、超乎一切可能被质疑的东西。

对柏拉图来说，这一绝对确定性只能在数学和他的神秘原型"形式"中找到。

笛卡尔和休谟的说法有所不同……

我们能真正知道的一切就是我们在思考。

大多数我们根深蒂固的信念只是基于习俗和习惯。

不少 20 世纪的哲学家现在质疑这一针对绝对确定性没完没了、或许注定会失败的哲学追寻。（这种追寻很大程度上取决于你如何定义诸如"知道""怀疑"和"确定"这类词。）

知识主张

经验主义哲学首先是一种认识论——关注知识问题。它宣称，知识最明显且重要的来源是感知。这就是为什么它对将诸如"理性"或"直觉"作为知识的其他来源的说法抱有很大的敌意。

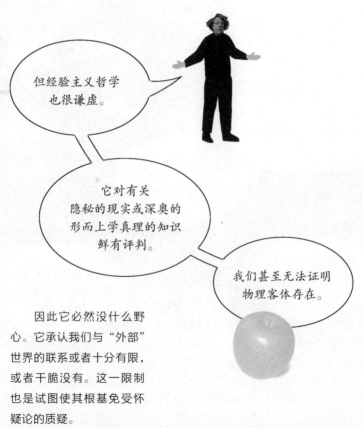

但经验主义哲学也很谦虚。

它对有关隐秘的现实或深奥的形而上学真理的知识鲜有评判。

我们甚至无法证明物理客体存在。

因此它必然没什么野心。它承认我们与"外部"世界的联系或者十分有限，或者干脆没有。这一限制也是试图使其根基免受怀疑论的质疑。

经验主义的基础

所以，作为经验主义的基础的确定性是什么呢？感觉会欺骗我们。

我以为在雾中看见的面前那条灰色长条是个人，但它其实是根石头柱子。

然而我不能怀疑的是，我有一个关于灰色长条的有意识的经验，即便我完全搞错了引起它的东西。

经验主义者大大削减了他们的知识主张，勉强接受了关于**表象**的知识。

有一个红色的圆形在我的意识中，但我拒绝由此推断有一只板球在我此刻的视野里。不过，至少我能完全肯定这一又红又圆的原始感觉材料。而且，我对这一感觉材料的真实性的信念不取决于我的任何其他信念，因此它在某种程度上是"基础的"。

我们不会搞错我们**似乎**看见的东西。

作为感性知识的图像

感觉材料理论对经验主义的各种流派——表象主义、观念主义或现象主义——都至关重要。经验主义者争论说，"印象"或感觉材料是"基础性的"，因为它们与其显现的样子完全一致，没有隐匿的深度，这使得我们有关它们的知识无可指摘。我们永远也不会搞错感觉材料，或犯下与之相关的错误。

这使得它们成为一类十分奇怪的"知识"，颇像照片底片上的影像，永远都只能是"正确的"。

这一事实导致一些哲学家说，谈论自己"知道"如此这般的私人经验被误解了。如果感觉材料永远不能被质问或怀疑，那它们根本就不能真的被看作"知识"。

知识大厦

但感觉材料像经验主义者们相信的那么可靠吗？感觉材料如它号称的那样实存吗？知识真的需要屹立在某种万年不倒的基石上吗？

知识是像一座建筑物吗？

知识

感觉材料

它真的需要基础吗？让我们考虑一下来自科学的论证……

科学告诉我们什么？

感觉材料实存的最令人信服的论证，仍依赖科学告诉我们的感知的生理过程。光线穿过眼睛的晶状体，在视网膜上聚焦，电讯号沿着神经纤维传到大脑那些专司视觉的区域。然后，我们就以某种方式在我们的心智中得到了一幅外部世界的图像。

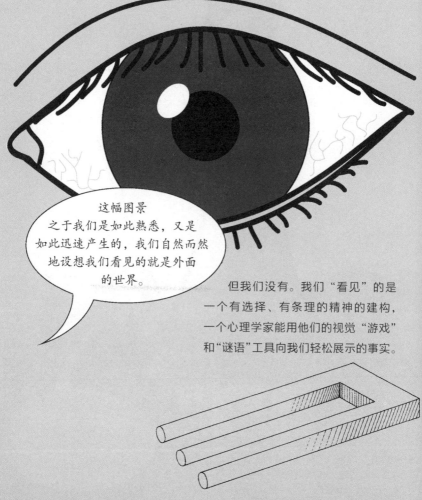

这幅图景之于我们是如此熟悉，又是如此迅速产生的，我们自然而然地设想我们看见的就是外面的世界。

但我们没有。我们"看见"的是一个有选择、有条理的精神的建构，一个心理学家能用他们的视觉"游戏"和"谜语"工具向我们轻松展示的事实。

脑中的小人儿

　　虽然看起来我们很少用"我们的心智"去看，但实际上如此。我们究竟怎么做到的，这仍然极其神秘，但我们对外部世界的经验毫无疑问是间接的。也许就因为感知的终端过程仍旧如此神秘，经验主义哲学家喜欢用"内在屏幕"或"电视"的说法来谈论感知。

就像思考和经验是通过一个小小的个体的"我"观看一块内在荧屏而完成的。

　　但那只是将感知的神秘多余地挪到另一层面，实际上没能做出解释。

基于观察者的相对性的论证

关于感觉材料的实存的不那么吸引眼球的哲学论证，大多仰仗幻觉和错觉的存在，以及观察者是相对的事实。许多人有过错误的感觉经验，或者没有出现与感觉相应的物理客体。比如，在沙漠里看见了海市蜃楼。

有些人看它是个棕色的三角形，其他人看它是黑色的平行四边形，等等。没法知道这些经验中哪一个（如果有的话）是桌子的"真"颜色或"真"形状。人们看见错误的影像、不存在的影像，或者许多影像中的一个。哲学家们随后得出的结论是：我们所有的经验都是内在的精神现象。

可靠性问题

这类关于观念或感觉材料的实存的哲学论证，通常依赖于夸大几种感觉经验的不可靠，从而推断我们所有的经验都是间接的，同样虚幻。

但我们很少混淆幻觉或梦境……

……与清醒时的经验。

就因为我们偶尔"感觉错了"，不能自动推导出我们的感知总是牵涉过多的精神现象。

幻觉和错觉可能由不可信的心智图像构成，但这并不能证明我们大多数的经验也与之类似，是"内在的"。毕竟，我们只是通过后来更"可靠的"观察的证据，才得知某些经验是"不可靠的"。然而，我们无法保证这些观察中的某一个是真的，能免于一切可能的质疑。

表象的私人世界

世界也许与我们对它的感知不太一样。我们被困在一个表象的私人世界里，或者更糟，被困于一个对我们现在的周遭环境完全未加说明的私人世界里。我们的感觉经验也许是物理客体造成的，或者它们也许独立存在，不依赖任何外部的刺激，我们能——如果我们想的话——从中推导出一个物理客体的世界。

但我们越是检视感知的过程，对于我们究竟在感知什么就存有越多的不确定性。这种不确定有助于解释经验主义哲学家们为什么分外绝望地紧紧抓住内在观念、印象和感觉材料所谓的"无可置疑"。

我可能无法证明这本书存在，但我至少能确定我的心智中存在着**类似于书的感**觉材料。

声明所知甚少之后，经验主义者们觉得自己算是安全着陆了。

感觉材料有多真实？

但感觉材料的本体论（现实的）地位仍然令人费解。感觉材料是精神现象还是物理现象，或者某种程度上两者都是或都不是？它们是心智的状态还是本来就是客体？如果是客体，它们有多短暂或恒久？它们是私人的还是公共的？如果它们是私人的，那想必有多少观察者就有多少感觉材料。

所以，我认为只使用字词来交换观念，会一直是个很不可靠和模糊的过程。

现象主义者说观念无法被感知时也存在，这是对的吗？如果它们作为"可能经验"存在着，又是怎么存在的呢？（大多数现象学者放弃了这个问题，并宣称无法被感知的感觉材料奇特的仅有的半条命不过是关于事物之如何的一个基本事实。）如果我们所经验的一切只是感觉材料，那么其他有心智的人的存在也要接受质疑了。

用副词解决的方案

消除感觉材料的这些问题的一种尝试，是提议我们应把"感知"想成"以副词的方式"感知。

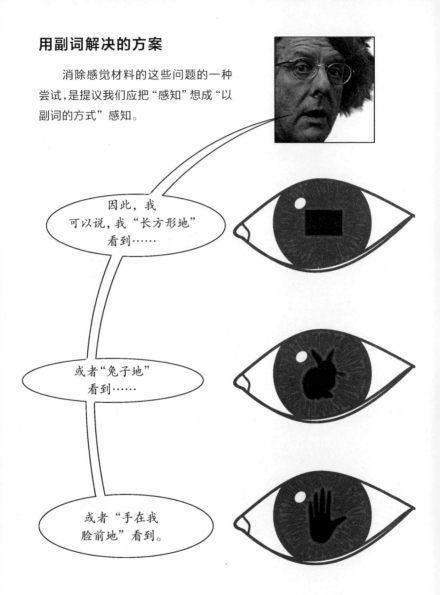

因此，我可以说，我"长方形地"看到……

或者"兔子地"看到……

或者"手在我脸前地"看到。

这避免了所有对神秘的感觉材料的指涉。但它并未真的对感知的性质本身做出多少解释，或者说明我们对自己的经验能有多确定。

作为信念的感知

或者也许我们应把感知看作有时会出错的信念和判断。

> 但感知和信念恐怕很难是同一种东西。

> 由于我们的经验，我们才获得了信念。

信念远比感知更复杂，更易于用文字来表述。

所以我们最终可能还是得守着感觉材料——把它当作是最好的解释。

瞬时性

我们已见识洛克之后几乎全部的经验主义哲学家是如何依赖这些观念、印象或感觉材料的首要地位的。它们是经验主义哲学屹立其上的不可撼动的真理。

感觉材料可想而知是私人的、自发的和"基本"的。

据说正是这些特征，使得它们不可据推理得出，且免于人类的失误。

所有与感知、知识、现实和意义相关的经验主义理论全靠它们，因为它们被预设成直接的、瞬时的，这一事实在某种意义上使它们成为其他一切事物未受沾染、无可争辩的基础。

看与看见

　　但表面看来，我们对物理世界的经验一点儿也不像是由推理得来的或"间接的"。我们对物理客体的感知似乎是瞬时的——就像透过一片玻璃感知。

　　不论推理过程由什么构成，它是迅速的，通常是无意识的。所以，感觉材料究竟为何是更"直接的"或"瞬时的"，仍不甚清晰。

逻辑的和心理的过程

经验主义哲学家会说，就算我们对涉及的心智过程浑然不觉，也不意味着它们没有发生。重要的是，我们不会把我们心理意识的缺失与一切感知仍是间接的、由推理得出的这一逻辑真理相混淆。

看起来好像是感觉材料自身必须经由推理得出。我们必须预设它们存在，如果对感知的科学解读正确的话，虽然我们似乎对它们没有有意识的经验——或许除了几个不太常见的幻觉和错觉。

我们看到了什么？

这可能意味着感觉材料在哲学中没那么重要，本体论地位没那么高，其确定性也可以质疑。

我们对物理客体的直接感知可能确实是人类经验最"基础"的特征。

最终是不是"你看见的就是你得到的"？

如果我们对感觉材料的假想性经验，与我们对物理客体的更有意识的直接经验没有什么性质上的差异，我们还需要它们吗？

私人语言论证

笛卡尔和多数英国经验主义哲学家们设想，毫无疑问，建构一个知识系统的唯一方法是从几个他们能完全确定的私人想法或经验入手。（例如，"我在思考"或"我在经验一个红色的感觉"。）私人的被设想为比公共的知道的更多。

我可以向自己描述、表达我的私人观念和经验，无须预设任何外部世界或其他心智的存在。

一旦这些私人且确定的基础得以确立，我就能从里向外搭建了……

我可以靠推理得出一切其他事物没有这般肯定的结论。因此，哲学知识始于内在的私人感觉，并可以从这一平台上建构更多的公共知识。

公共语言

　　但我们的想法和经验只能以一种社会的、公共的语言加以概念化或描述。我们只要在思考，我们就在用一种共享的语言思考，它来自于拥有特定历史的独特的文化。我们不太可能建构某种古怪的"私人"语言，用来命名我们的私人观念。

因此，"思考"已经对语言、意义、历史和文化做出了巨大的预设。

维特根斯坦的批判

　　维特根斯坦的"私人语言论证"本身就很复杂，不总是清晰的，推论易陷入无止境的争论。它主要是对罗素的一般的语言理论的一种攻击，该理论提出语言从直接"亲知"的感觉材料中获取语义。维特根斯坦的论证如下……

> 规则是无意义的，除非有某种方法，可以检查一条规则能否被正确运用。

> 这种检查必须是公开的检查。

> 如果我们是通过指向一个内在的私人经验来赋予一个术语意义，并在日后再使用同一术语，我们就永远都不会知道我们是否正确使用了该术语。

　　语言总是具有一种功能。我们必须学习关于味道、色彩、气味和梦境的词，不论它们描绘的感觉有多么私人。专属某个人的"私人语言"概念毫无意义。因此，不可能以经验主义者宣扬的方式去描述私人的感觉，某种纯净的、不可推理的感觉材料的"语言"工程也完全是个误解。

其他几种批判也似乎来源于维特根斯坦有关语言、观念和知识的结论。心智的"私人房间"模型——经验主义者们大多对其不加检验——就面临着严肃质疑。个体间的交流似乎并未涉及从一个心智到另一个心智的图像的传递。

思考并不是要"向内观看"我们的心智。我们不是"看见"我们的想法，然后再对其进行文字表述。

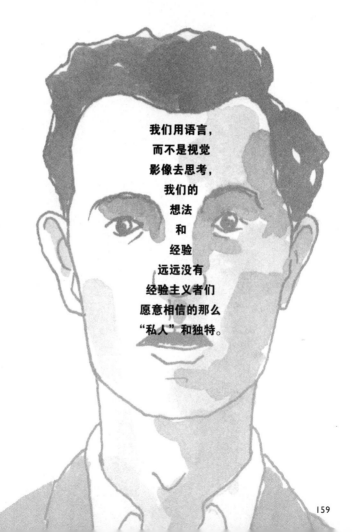

我们用语言，
而不是视觉
影像去思考，
我们的
想法
和
经验
远远没有
经验主义者们
愿意相信的那么
"私人"和独特。

经验之内的外部世界

维特根斯坦认为"感觉材料"很可能存在，但不是以经验主义哲学家们想象的形式。他还提出，不管怎么样，感觉材料不具备多少哲学上的重要性。是我们的概念结构极大决定了我们如何看世界，而这些结构主要是语言学的。

没有私人经验的世界供我们从中"向外搭建"。

经验主义哲学宣称，我们从**经验**中学习一切……

文化
语言

……
而不是从那些使我们成为人的语言和文化中学习。

……但他们又想从一个完全与世隔绝的位置起步……

如果我们曾拥有的一切只是获取一批断裂的、尚未概念化的私人经验，那我们就永远不可能获取知识。我们只有在成为社会化的存在者之后才能拥有经验。经验主义哲学现在看起来比最初更奇怪、更语无伦次了。

世界中的知识

另一位伟大的 20 世纪哲学家**卡尔·波普**（1902—1994）也攻击了经验主义认识论的"第一人称"理论，该理论宣称知识必须始于主观经验。波普说，知识最好被想象成一种通过解决问题而进步的进化过程。物质的客观世界存在着，主观的心智也存在着。

客观事物

主观的心智

但更重要的是人类自己创造的"世界"——社会、法律、语言、科学和艺术的世界。

人类"世界"

整个社会和文化环境使人类变成了他们所是的独特存在者。

知识的力量

知识必须是一种公共、客观的构造——在图书馆而不是个人的心智中被发现，向自由辩论和批评敞开，独立于任何智识主体。

康德论感知

然而，经验主义哲学家坚称我们的经验总是"间接的"，这恐怕是对的。换句话说，世界的内在"模型"才是我们所经验的，我们无法得知这个模型与"世界本身"离得有多近。休谟的哲学怀疑论迫使伊曼努尔·康德重新检视感知与经验的整个问题。

空间

时间

人类心智一定包含了一种十分特别的先天的能力……

我们必须在"时间与空间"的框架内，依据因果关系来思索对象——它们是心智的先天范畴。

康德的范畴

心智将概念或"范畴"应用于我们所有的经验，以便我们理解它们并赋予意义。因此，因果关系、实体、空间和时间不是我们从自身对世界的经验中解读出来的特征，而是一个**任何东西**成为我们的经验的首要**先决条件**。

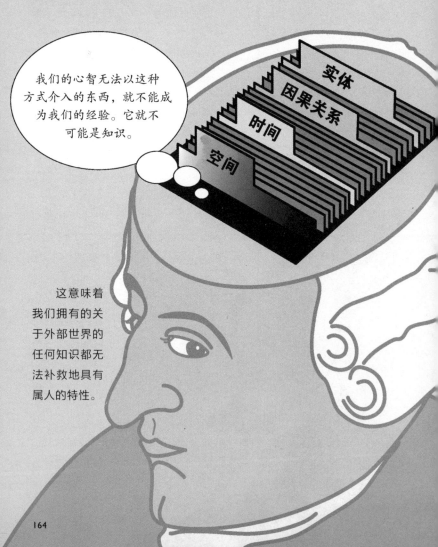

这意味着我们拥有的关于外部世界的任何知识都无法补救地具有属人的特性。

概念框架

多数现代心理学家赞成康德——虽然他们更多的是使用"参照系"和"知觉定式"这样的词描述同样的东西。我们从来都不直接经验"视野",它总是瞬间就"被概念化"了。(新生儿和一些印象派艺术家可能是仅有的见过未被概念化的原始感觉材料世界的人了。)我们其他人立刻将概念应用于我们的经验,它们因此对我们具有意义。

这提示了感知过程的经验主义模型有误。没有"第一印象"或"原始材料",我们不是被动"接收"信息,而是积极"创造"我们的经验。我们不是从感觉信息中得出推论,而是将意义加诸其上。

语言强化了这一过程,就连我们对红色的最初的经验也可能由于我们对"红色"这个词本身的应用而被"污染"和狭义化了。

语言和经验

我们借助语言来思考，语言部分决定了我们会经验什么。语言被各种假设、意识形态、社会构造、信念和偏见严重败坏。因此人类感知自身也一定无法自已地受到了污染。基于我们过往的经验、动机、教育、文化、阶层、性别和对各种意识形态的顺服，我们选择和创造了我们看见的东西。当我们看见"鸭—兔"的时候，我们不是经验了可以借此推论的原始材料，而是瞬间将其看作或是一只鸭子或是一只兔子。

我们可以将"鸭子"或"兔子"的概念加上去的那种东西，似乎无法将这两个概念同时加上去。

这不是说感觉材料不存在，但的确说明鲜有任何其形式未受污染的原始材料能被直接或有意识地经验。

建构我们的世界

通过各种互动和交互的因果过程，我们建构了这个世界，世界也构筑了我们。我们似乎根本不可能与物理世界有任何直接的接触。我们以图像的形式看到它，这些图像被基础范畴和文化框架监测和操控着。我们被无数次地与"原始材料"隔开。

我们关于周遭环境的全部知识都完全是属人的、易错的……

……虽然，在其公共形态下，它帮我们活了下来。

但看起来真相是，关于"外部"世界未经证实的信念是我们能拥有的全部。

被否定的经验主义

"她问他，他父亲的书都写了什么。'主体和客体，还有现实的本质。'安德鲁说。她说'天哪'，她对这些是什么意思完全没概念。'那就想想一张厨房里的桌子，'他对她说，'当你不在厨房的时候。'"

《到灯塔去》，维吉尼亚·伍尔芙（1882—1941）

现今很少有哲学家对经验主义哲学的传统问题忧心忡忡，例如，不能被感知的家具的本体论地位。他们中的大多数很可能赞同维吉尼亚·伍尔芙书中的人物莉莉·布里斯科，认为英国的经验主义者大部分都很怪，关注点狭隘，时常言之无物。

经验主义的基础理论使其反倒不适合作为一种研讨语言和意义的方法。

它长久以来对"客观"科学方法和程序的推崇，现在看起来太天真了。

英国和欧陆哲学

现在许多重要的经验主义哲学家多是出于其他原因而为人所知。洛克是作为政治自由主义创始人之一而闻名于世。休谟是作为概念分析家和怀疑论者。密尔是作为道德和政治哲学家。罗素则是作为逻辑学家，并因其政治上的革命主张而闻名。经验主义哲学家经常被指责为——有时有失公允地——忽视社会、经济、政治和文化现实。

> 关于"真的"和"显而易见的桌子"的复杂论证，与欧陆哲学家们追寻的更为野心勃勃的主题相比，现在显得是鸡毛蒜皮……

伊曼努尔·康德
（1724—1804）

G.W.F. 黑格尔
（1770—1831）

弗里德里希·尼采
（1844—1900）

卡尔·马克思
（1818—1883）

马丁·海德格尔
（1889—1976）

即便是罗素和艾耶尔也似乎无法逃离传统经验主义教义的根深蒂固的理论。它需要由维特根斯坦和波普这样的"局外人"来纠错，提议思考语言的更佳途径，提出其他有待思考的更重要的东西。但那就是另外一回事了。

不可知的心智

维特根斯坦巧妙地指出了以下的经验主义主张的不少荒谬之处——如果我们把心智仅仅想象成一个个的私人房间。心智必然更是公共的，主要因为它们是用一种集体语言来思考的。然而，对心灵问题持有唯物论主张的哲学家们仍为如下事实而困惑和懊恼：人类心智及其经验仍属私密，且大多仍不可知。

科学研究仍对人类经验无从下手。

意识仍保有其本质上的私密特性。

不论我们对光的波长和人类的经验感知了解多少，科学仍似乎无法描述或解释我们的感知经验或"感受特质"的彻底独一无二的特性。

经验主义有未来吗？

像**理查德·罗蒂**（1931—2017）这样的当代哲学家争论说，语言无可否认的自主性意味着它永远成不了现实的一面"镜子"、意义也根本不可能来自这个世界，这么说也许是对的。然而，当后现代社会主义者**让·鲍德里亚**（1929—2007）宣称现代战争是某种媒体事件，因此"从未偶然发生"的时候，澄清他此言真正的意思就变得格外诱人了——这话听起来与现实情况格格不入。

> 意义和真理也许真的就在那儿，而不是永远被囚禁在语言和意识形态里。

> 但我坚持现代哲学必须收敛其野心。它永远只能是一种特殊的"对话"。

罗蒂的宣言与英国经验主义者一致，后者一直从事有限的"中等"事业，怀疑伟大的哲学体系或"宏大叙事"，对人类知识的延伸持悲观态度。

没什么因此而受损。所以它兴许最终会拥有一种有限的未来。

延伸阅读

　　以下罗列了本书直接指涉的大部分哲学著作。经验主义哲学一直著述颇丰，因此哲学专业的学生经常通过学习其各种形式来入门。贝克莱读起来总是妙趣横生，因为即便你怀疑他几近胡言乱语，其论证仍通常具有说服力、难以反驳。休谟的《人性论》较其《道德、政治和文学论文集》更极端和直接。而艾耶尔的《语言、真理和逻辑》虽则偶尔艰涩，读起来仍像出自一个任性的叛逆青年之手，决意推翻一切既定信仰和价值。

Francis Bacon: the Major Works (Oxford World's Classics 2002)

Leviathan, Thomas Hobbes (Penguin Classics 1981)

The Elements of Law, Natural and Political, Thomas Hobbes (Oxford World's Classics 1999)

An Essay Concerning Human Understanding, John Locke (Oxford University Press Paperback 1979)

Two Treatises of Government, John Locke (Cambridge University Press 1960)

A New Theory of Vision and Other Writings, George Berkeley (Dent Everyman Paperback 1973)

The Principles of Human Knowledge and Three Dialogues, George Berkeley (Oxford World's Classics 1999)

A Treatise of Human Nature, David Hume (Oxford Philosophical Texts 2000)

An Enquiry Concerning Human Understanding and Concerning the Principles of Morals, David Hume (Oxford Philosophical Texts 1999)

Dialogues Concerning Natural Religion, David Hume (Oxford Paperback 1998)

Utilitarianism and Other Essays, Jeremy Bentham and John Stuart Mill (Penguin Classics 1987)

On Liberty and Other Essays, John Stuart Mill (Oxford World's Classics

1998)

The Subjection of Women, John Stuart Mill (Dover Paperback 1997)

The Problems of Philosophy, Bertrand Russell (Oxford University Press Paperback 2001)

Our Knowledge of the External World, Bertrand Russell (Routledge 1993)

Human Knowledge – its Scope and Limits, Bertrand Russell (Routledge 1992)

Language, Truth and Logic, A.J. Ayer (Pelican 1974)

The Foundations of Empirical Knowledge, A.J. Ayer (Macmillan 1940)

The Central Questions of Philosophy, A.J. Ayer (Pelican 1956)

对经验主义哲学做出有用概览的三本书是：

The British Empiricists, Stephen Priest (Penguin Books 1990)

The Empiricists, R.S. Woolhouse (Opus Books, Oxford University Press 1988)

Locke, Berkeley and Hume: Central Themes, Jonathan Bennett (Oxford University Press 1977)

Perception, Godfrey Vesey (Doubleday 1971) 是对"感性材料"理论提出的问题的一个很好介绍。

"过往大师"（The Past Masters）系列丛书一直都很容易入手。但以下书单中的其他书就没有那么好找了，虽然它们都颇具洞见。

Bacon, Anthony Quinton (Past Masters Series, Oxford University Press 1988)

Hobbes, R.S. Peters (Penguin 1956)

Perspectives on Thomas Hobbes, ed. G.A.J. Rogers and Alan Ryan (Oxford University Press 1988)

Locke, John Dunn (Past Masters Series, Oxford University Press 1984)

The Cambridge Companion to Locke, ed. Vere Chappell (Cambridge University Press 1994)

Locke, R.S. Woolhouse (Harvester Press 1983)

Problems from Locke, J.L. Mackie (Oxford University Press 1976)

Berkeley, J.O. Urmson (Past Masters Series, Oxford University Press 1982)

Berkeley, A.C. Grayling (Duckworth 1986)

Berkeley: The Philosophy of Immaterialism, I.C. Tipton (Methuen 1974)

Hume, A.J. Ayer (Past Masters Series, Oxford University Press 1980)

The Philosophy of David Hume, Norman Kemp Smith (London 1949)

The Cambridge Companion to Mill, ed. John Skorupski (Cambridge University Press 1998)

Bertrand Russell, John Watling (Oliver and Boyd 1970)

Ayer, John Foster (Routledge 1985)

经验主义哲学从未真正从以下这些书对它的攻击中完全恢复过来，诸如：

Sense and Sensibilia, J.L. Austin (Oxford University Press 1962)

From a Logical Point of View (Contains the essay 'Two Dogmas of Empiricism'), W.V.O. Quine (Harvard University Press 1961)

Philosophical Investigations, Ludwig Wittgenstein (Blackwell 1988)

Objective Knowledge: An Evolutionary Approach, Karl Popper (Oxford University Press Paperback 1972)

维吉尼亚·伍尔芙的《到灯塔去》(*To the Lighthouse*, Virginia Woolf, Penguin 1968）并非是对经验主义的批判，但确实取笑了哲学家和哲学系学生的做作和软肋。

致谢

戴夫·罗宾逊已向他的学生讲授经验主义哲学好多年。幸运的是，只有几个人最终变得怀疑物理客体的存在。他写了包括《认识罗素》在内的好几本经典作品。作者感谢他坚定的编辑理查德·皮格纳内西的支持和建议，还有比尔·梅布林富于创造力的机智插图。他还感到必须感谢他的伴侣朱迪斯，她保证了茶水的稳定供应，还推荐他阅读维吉尼亚·伍尔芙。他的猫仍旧在隔壁房间作为一组可能的感觉经验存在着。

索引